国家职业技能鉴定理论知识考试复习指导丛书

贵金属首饰手工制作工

（高级）

劳动和社会保障部
职业技能鉴定中心　组织编写

中国财政经济出版社

图书在版编目（CIP）数据

贵金属首饰手工制作工．高级/劳动和社会保障部职业技能鉴定中心组织编写．—北京：中国财政经济出版社，2005.8

（国家职业技能鉴定理论知识考试复习指导丛书）

ISBN 7-5005-8451-2

Ⅰ．贵…　Ⅱ．劳…　Ⅲ．贵金属—首饰—制作—职业技能鉴定—自学参考资料　Ⅳ．TS934.3

中国版本图书馆 CIP 数据核字（2005）第 085011 号

中国财政经济出版社出版

URL：http：//www.cfeph.cn

E-mail：cfeph @ cfeph.cn

社址：北京市海淀区阜成路甲 28 号　邮政编码：100036

发行处电话：88190406　财经书店电话：64033436

北京富生印刷厂印刷　各地新华书店经销

850×1168 毫米　32 开　4.375 印张　79 000 字

2005 年 9 月第 1 版　2005 年 9 月北京第 1 次印刷

印数：1—3000　定价：16.00 元

ISBN 7-5005-8451-2/TS・0144

（图书出现印装问题，本社负责调换）

国家职业技能鉴定理论知识考试复习指导丛书

编审委员会

贵金属首饰手工制作工

（高级）

主　　编：侯　铁

副 主 编：张云泉

编写人员：汪　东　黄永生　袁善珍

审定人员：金其伟　王若川

为提高职业技能鉴定质量，维护国家职业资格证书的权威性，按照《职业技能鉴定规定》要求，国家职业技能鉴定实行统一命题。为此，劳动和社会保障部组织开发建设了职业技能鉴定国家题库（以下简称“国家题库”），全国各地、各行业有关专家参与了国家题库开发工作，1999 年国家题库正式启用。目前各省、自治区、直辖市地方分库和部分行业分库作为国家题库运行管理机构，也经过劳动和社会保障部认证，陆续开始运行。

根据劳动和社会保障部《关于启用职业技能鉴定国家题库的通知》，各地区、各部门在组织进行国家题库中已有职业（工种）鉴定时，必须从国家题库中提取。

为配合国家题库运行、使用，便于培训机构有效地组织培训，帮助考生了解国家题库，使他们能够有针对性地进行考前复习准备，劳动和社会保障部职业技能鉴定中心组织参与国家题库开发的命题专家，编写了与国家题库理论知识题库配套的《国家职业技能鉴定理论知识考试复习指导丛书》（以下简称《复习指导丛书》），并根据国家题库开发进度陆续出版发行。

在1999年版基础上，我们对《复习指导丛书》进行了修改补充改版。为帮助考生了解职业技能鉴定理论知识考试的内容、范围、考试形式和试卷结构，使考生在复习和应考时心中有数，有的放矢，目前《复习指导丛书》由“国家题库简介与复习要求”、“理论知识考试重点”、“理论知识考试复习指导”、“理论知识试题精选”和“理论知识试卷样例”等五个部分组成。书中介绍了国家题库的命题依据、试卷结构和题型题量，公布了近几年职业技能鉴定的重点内容，讲解了理论知识复习重点或难点，同时直接从国家题库中抽取部分理论知识试题和试卷样例供考生参考、练习。因此，《复习指导丛书》对广大参加职业技能鉴定的考生有重要的参考价值，是理论知识考前复习必备用书。《复习指导丛书》内容还将根据国家题库的不断更新，逐步进行补充、完善。

本《贵金属首饰手工制作工理论知识考试复习指导丛书》在编写过程中得到了江苏省职业技能鉴定中心、中国工艺美术（集团）公司、江苏省工艺美术总公司、上海老凤祥有限公司、上海老凤祥有限公司首饰研究所、苏州市龙凤金店有限责任公司、广州金银首饰有限公司、湖北金兰首饰集团有限公司和有关专家的大力支持，在此一并表示感谢。

由于时间仓促，缺乏经验，难免有不足之处，恳请各使用单位和个人提出宝贵意见和建议。

《国家职业技能鉴定理论知识考试复习指导丛书》

编审委员会

2003年6月

第一章　国家题库简介及复习要求

一、国家题库简介

（一）什么是国家题库

◎ 全称是"职业技能鉴定国家题库"；

◎ 劳动和社会保障部组织开发的用于全国职业技能鉴定的统一题库；

◎ 全国职业技能鉴定在进行国家题库中已有职业的考试或考核时，一律使用计算机从国家题库中抽取试题，组成试卷。

（二）国家题库权威性

◎ 由劳动和社会保障部组织专家开发；

◎ 本职业领域全国高水平专家参与命题。

（三）为什么要建立职业技能鉴定国家题库

◎ 有利于规范全国职业技能鉴定行为，保证职业技能鉴定质量；

◎ 有利于统一全国职业技能鉴定水平，为从业者择业、就业，提供公平、客观的能力水平评价。

（四）国家题库的主要内容

◎ 理论知识题库每个职业含几千道试题。考试复习时可参考《国家职业技能鉴定理论知识考试复习指导丛书——贵金属首饰手工制作工（高级）》；

◎ 操作技能题库根据职业特点，由涉及职业活动领域的若干试题组成。试题通过《职业技能鉴定国家题库——贵金属首饰手工制作工（高级）操作技能考试手册》向全社会公布。

二、试题试卷简介

（一）命题依据

◎ 劳动和社会保障部 2000 年颁布的贵金属首饰手工制作工《国家职业标准》；

◎ 劳动和社会保障部组织编写的贵金属首饰手工制作工《国家职业资格培训教程》；

◎《理论知识鉴定要素细目表》明确了理论知识考试的具体内容。

（二）命题原则

◎ 反映本职业《国家职业标准》要求；

◎ 强调本职业实际工作中必备的知识；

◎ 不出偏题、怪题和难题。

（三）试题类型

理论知识考试采用标准化试卷，即每个级别考试试卷分为“选择题”和“判断题”两大类，满分 100 分。

◎“选择题”160 题，每题 0.5 分，共占 80 分；

◎“判断题”40 题，每题 0.5 分，共占 20 分。

（四）答题时间

按《国家职业标准》，理论知识考试时间为 90 分钟。

（五）答题要求

◎ 选择题为四选一题型，即试题中给出的四个选项中，只有一项为正确选项。纸笔考试时，按要求在试题前面的括号中，填写正确选项的字母；

◎ 判断题采用纸笔考试时，根据对试题的分析判断，在括号中画“√”或“×”；

◎ 采用答题卡答题时，按要求，直接在答题卡相应的答案处涂色即可；

◎ 采用计算机考试时，按要求，点击选定的答案即可。

具体答题要求，在考试前，考评人员会做详细说明。

（六）试卷生成方式

◎ 国家题库采用计算机自动生成试卷：即计算机按照本职业的《理论知识鉴定要素细目表》，从题库中随机抽取相应试题，组成试卷；

◎ 这种组卷方式，避免了以往人为影响试卷难度和试卷内容范围的倾向；

◎ 试卷的题型、题量和所涉及的范围保持相对稳定；

◎ 有利于考生把握复习的要点和重点。

三、复习注意事项

（一）阅读《国家职业技能鉴定理论知识考试复习指导丛书》（以下简称《丛书》），理解其中各项内容

◎《丛书》向考生提供了鉴定考核的重点内容，对考生把握重点，理解难点提供了详略得当的具体指导；

◎ 书中的试题精选和试卷样例均是从国家题库中抽取的，直接反映了考试内容的特点和题型特征；

◎ 考生可以了解国家题库考试重点和试题试卷特点，掌握要领，心中有数。

（二）抓住重点，全面复习

◎ 职业技能鉴定的基本目标就是为了提高劳动者素质；

◎ 职业技能鉴定以基础和必备的知识或能力考核为主要出发点和归宿；

◎《理论知识鉴定要素细目表》是《国家职业标准》的细化，是命题的直接依据；

◎ 考生在复习中要善于抓住重点，进行全面复习，对基本要领要记忆准确、理解透彻、运用熟练，并且还要在复习范围的“广”字上下功夫；

◎ 考生应对本书中的试题精选和试卷样例进行认真做答和练习，如果发现自己哪一题解答有困难，应该立即检查，发现问题所在，及时解决每个难点和问题。

（三）降低焦虑水平，做好心理调节

◎ 影响个人在考场上心理状态的因素很多，如当时的心情和身体状况、考试经验以及期待水平等等；

◎ 参加任何一种考试，都应保持良好的心理状态。力戒焦虑，是取得好成绩的关键因素之一；

◎ 需要指出的是：动机水平过高，行为就要受到干扰，也就是说，如果太想做好某件事，反而可能达不到目标；

◎ 考生应根据自己的实力，订立一个切实可行的期待目标，这是降低考试焦虑水平行之有效的一种方法。

第二章　理论知识考试重点

一、考试重点说明

◎《理论知识鉴定要素细目表》既是国家题库命题和抽题组卷依据，同时也是考试的重点。

◎《理论知识鉴定要素细目表》是按照国家职业标准的结构和内容细化而成，表中的鉴定点就是理论知识考试的知识点。

◎《理论知识鉴定要素细目表》中，每个鉴定点都有重要程度指标，即鉴定点后标注的“X”、“Y”、“Z”。其中：

“X”表示“核心要素”，是考核中最重要、出现频率也最高的内容；

“Y”表示“一般要素”，是考核中出现频率一般的内容；

“Z”表示“辅助要素”，在考核中出现的频率较低。

◎《理论知识鉴定要素细目表》中，每个鉴定内容都有鉴定比重指标，它表示在一份考试卷中该鉴定内容所占的分数比例。例如，某一鉴定内容的鉴定比重为 5，就表示在组成 100 分为满分的试卷中，该鉴定内容所占分值为 5 分。

二、理论知识鉴定要素细目表

贵金属首饰手工制作工（高级）理论知识鉴定要素细目表

鉴定范围									鉴定点		
一级			二级			三级			代码	名称	重要程度
代码	名称	鉴定比重	代码	名称	鉴定比重	代码	名称	鉴定比重			
A	基本要求 (53:26:02)	40	A	职业道德 (10:00:00)	5	A	基本知识 (10:00:00)	5	001	职业道德的基本内涵	X
									002	市场经济条件下，职业道德的功能	X
									003	企业文化的功能	X
									004	职业道德对增强企业凝聚力、竞争力的作用	X
									005	职业道德是人生事业成功的保证	X
									006	文明礼貌的具体要求	X
									007	爱岗敬业的具体要求	X
									008	对诚实守信基本内涵的理解	X
									009	办事公道的具体要求	X
									010	勤劳节俭的现代意义	X
			B	基础知识 (43:25:02)	35	A	首饰发展史 (00:00:02)	1	001	享有欧洲“首饰王国”美誉的国家	Z
									002	我国金首饰最早出现的年代	Z
						B	贵金属材料的性能 (08:00:00)	4	001	黄金的密度	X
									002	我国民间判断黄金成色的方法	X
									003	黄金的计量单位换算	X
									004	“铂金”的英文缩写	X
									005	铂金的硬度	X
									006	铂金的熔点	X
									007	白银的密度	X
									008	白银的硬度	X
						C	焊接设备 (04:00:00)	2	001	水焊机的适用范围	X
									002	水焊机两用罐的用途	X
									003	水焊机的电解液质量分数	X
									004	水焊机的电解液构成	X
									001	钻石4C标准的概念	X
									002	钻石的主要化学成分	Y
									003	Ⅰa型金刚石的含氮量	Y
									004	宝石必须具备的条件	Y
									005	金刚石的折光率	X
									006	金刚石的色散度	X
									007	金刚石的硬度	X
									008	金刚石的密度	X
									009	钻石的计量单位	Y
									010	标准型圆钻石(腰围直径1.3mm)的重量换算	Y

续表

鉴定范围									鉴定点		
一级			二级			三级					
代码	名称	鉴定比重	代码	名称	鉴定比重	代码	名称	鉴定比重	代码	名称	重要程度
A	基本要求(53:25:02)	40	B	基础知识(43:25:02)	35	D	常见镶嵌用宝石的基本知识(23:25:00)	24	011	标准型圆钻石(腰围直径 2.0mm)的重量换算	Y
									012	标准型圆钻石(腰围直径 2.4mm)的重量换算	Y
									013	标准型圆钻石(腰围直径 2.7mm)的重量换算	Y
									014	标准型圆钻石(腰围直径 2.9mm)的重量换算	Y
									015	标准型圆钻石(腰围直径 3.0mm)的重量换算	Y
									016	标准型圆钻石(腰围直径 3.5mm)的重量换算	Y
									017	标准型圆钻石(腰围直径 4.0mm)的重量换算	Y
									018	标准型圆钻石(腰围直径 5.15mm)的重量换算	Y
									019	标准型圆钻石(腰围直径 5.9mm)的重量换算	Y
									020	标准型圆钻石(腰围直径 6.5mm)的重量换算	Y
									021	标准型圆钻石(腰围直径 7mm)的重量换算	Y
									022	标准型圆钻石(腰围直径 8.8mm)的重量换算	Y
									023	标准型圆钻石(腰围直径 9.85mm)的重量换算	Y
									024	标准型圆钻石(腰围直径 11.1mm)的重量换算	Y
									025	非标准型圆钻石的重量换算	Y
									026	100 色钻石的类比标准	X
									027	99 色钻石的类比标准	X
									028	98 色钻石的类比标准	X
									029	97 色钻石的类比标准	X
									030	96 色钻石的类比标准	X
									031	95 色钻石的类比标准	X
									032	94 色钻石的类比标准	X
									033	93 色钻石的类比标准	X
									034	92 色钻石的类比标准	X
									035	91 色钻石的类比标准	X
									036	90 色钻石的类比标准	X
									037	89 色钻石的类比标准	X
									038	88 色钻石的类比标准	X
									039	87 色钻石的类比标准	X
									040	86 色钻石的类比标准	X
									041	GIA 的钻石净度分级	X

续表

鉴定范围									鉴定点		
一级			二级			三级			代码	名称	重要程度
代码	名称	鉴定比重	代码	名称	鉴定比重	代码	名称	鉴定比重			
A	基本要求 (53:25:02)	40	B	基础知识 (43:25:02)	35				042	优等级钻石的冠部角角度	X
									043	优等级钻石的亭部角角度	X
									044	红、蓝宝石的化学成分	Y
									045	红、蓝宝石的折光率	Y
									046	红、蓝宝石的双折射率	Y
									047	红、蓝宝石的色散度	Y
									048	红、蓝宝石的硬度	Y
						E	首饰行业有关技术标准 (08:00:00)	4	001	9K金的纯度千分数	X
									002	14K金的纯度千分数	X
									003	18K金的纯度千分数	X
									004	22K金的纯度千分数	X
									005	足金的含义	X
									006	千足金的含义	X
									007	足银的含义	X
									008	足铂的含义	X
B	相关知识 (90:30:00)	60	A	工具配备和使用 (16:00:00)	8	A	自制工具 (10:00:00)	5	001	划线工具的种类	X
									002	双线錾的用途	X
									003	长方形条钢螺旋夹的功用	X
									004	放样的概念	X
									005	制作小型工夹具的材料选用	X
									006	开制鳞片錾的要求	X
									007	制作常用划针的钢材选用	X
									008	常用划针尖端磨成的形状	X
									009	制作样冲的钢材选用	X
									010	样冲尖端磨成的形状	X
						B	通用工具 (06:00:00)	3	001	球形铣刀的选用	X
									002	吸珠錾的选用	X
									003	飞轮钻的选用	X
									004	直身狼牙棒的选用	X
									005	桃钻的选用	X
									006	伞钻的选用	X
						A	首饰绘图 (06:20:00)	13	001	正羽的分布	Y
									002	鹤的嘴角位置	Y
									003	飞禽趾骨的节数	Y
									004	奖杯的图纸展开放样方法	Y
									005	花瓶的图纸展开放样方法	Y
									006	啄木鸟的趾型	Y
									007	雨燕的趾型	Y
									008	咬鹃的趾型	Y
									009	翠鸟的趾型	Y
									010	潜鸟的蹼型	Y
									011	燕鸥的蹼型	Y
									012	鸬鹚的蹼型	Y
									013	鹲的蹼型	Y
									014	制作划子的材料	X

续表

鉴定范围									鉴定点		
一级			二级			三级			代码	名称	重要程度
代码	名称	鉴定比重	代码	名称	鉴定比重	代码	名称	鉴定比重			
B	相关知识 (90:30:00)	60	B	前期准备 (20:26:00)	23				015	人体重心的位置	X
									016	完全花(两性花)的组成	X
									017	不完全花(单性花)的组成	X
									018	飞禽的基本结构	X
									019	走兽躯干长度的一般规律	X
									020	花草植物的组成部分	Y
									021	茎生长状态的种类	Y
									022	茎的组成部分	Y
									023	叶的组成部分	Y
									024	花的组成部分	Y
									025	花托、花萼组成的结果	Y
									026	花按结构划分的种类	Y
						B	材料选用 (14:06:00)	10	001	抬压类圆雕式摆件的放样特点	Y
									002	抬压类浮雕式摆件的放样特点	Y
									003	摆件产品放样尺寸的确定方式	Y
									004	摆件产品放样计算的步骤	X
									005	摆件产品实际放样的步骤	X
									006	摆件产品实际放样的前提条件	Y
									007	在摆件钣金工艺中划子的含义	X
									008	摆件产品放样选料的含义	X
									009	摆件产品放样拼版的概念	X
									010	摆件产品放样拼版的操作要领	X
									011	对于简单放样内容的拼版处理	X
									012	需要钣金的花瓶类摆件的放样计算要点	X
									013	不需要钣金的花瓶类摆件的放样计算要点	X
									014	首饰三视图从数量上的分解	Y
									015	首饰三视图从形式上的分解	Y
									016	复杂首饰产品的放样要点	X
									017	复杂首饰产品中俯视图的作用	X
									018	复杂首饰产品中透视立体左视图的作用	X
									019	绘制结构复杂的戒指视图的要点	X
									020	对卷草纹装饰围边的放样要领	X
						A	锤打 (08:00:00)	4	001	用于锤打的锤具	X
									002	用于整平锤击的锤具	X
									003	用于钣制或翻口敲击的锤具	X
									004	用于小件锤击或片料整平的铁砧	X
									005	铜砧的使用范围	X
									006	尖头铁砧的构造	X
									007	供最终精加工打制用的铁砧	X
									008	供钣制球形形制时使用的铁砧	X
									001	硫酸在首饰制作工艺中的应用	Y
									002	盐酸在首饰制作工艺中的应用	Y

续表

鉴定范围									鉴定点		
一级			二级			三级			代码	名　称	重要程度
代码	名称	鉴定比重	代码	名称	鉴定比重	代码	名称	鉴定比重			
B	相关知识(90:30:00)	60	C	主体制作(54:04:00)	29	B	焊接(04:04:00)	4	003	配制三酸溶液的技术要求	Y
									004	三酸的概念	Y
									005	聚火的概念	X
									006	粗火的概念	X
									007	细火的概念	X
									008	散火的概念	X
						C	錾刻、抬压(12:00:00)	6	001	杀錾錾刻的操作要领	X
									002	批抢錾的刀角形状	X
									003	批抢錾的刀角度	X
									004	錾刻崇山的工具	X
									005	錾刻浪花的工具	X
									006	凹模翻制的选料	X
									007	压人物眼眶的工具	X
									008	加工人物唇沟的工具	X
									009	加工人物嘴唇线的工具	X
									010	压人物上唇线的工具	X
									011	压人物下唇线的工具	X
									012	錾刻马鬃的工具	X
						D	镶嵌(30:00:00)	15	001	群镶的选钻要求	X
									002	群镶的定中心孔要领	X
									003	群镶起齿的工具	X
									004	群镶扩孔的深度	X
									005	群镶的嵌钻要领(一)	X
									006	群镶的嵌钻要领(二)	X
									007	群镶嵌钻的形式	X
									008	群镶的空间处理要领	X
									009	群镶加工的注意事项	X
									010	盘钻镶的选钻要求	X
									011	盘钻镶的嵌齿要领	X
									012	群镶的定义	X
									013	槽镶的方法	X
									014	包边镶的外圈材料规格	X
									015	包边镶的内圈材料规格	X
									016	包边镶的包边工具	X
									017	光圈镶的外圈材料规格	X
									018	光圈镶的内圈材料规格	X
									019	光圈镶的迫镶要领	X
									020	光圈的制作要领	X
									021	独粒大钻精镶的起齿工具	X
									022	独粒大钻精镶的批齿工具	X
									023	独粒大钻精镶的嵌钻工具	X
									024	独粒大钻精镶的密齿工具	X
									025	独粒大钻精镶的注意事项(一)	X

续表

<table>
<tr><th colspan="9">鉴定范围</th><th colspan="3">鉴定点</th></tr>
<tr><th colspan="3">一级</th><th colspan="3">二级</th><th colspan="3">三级</th><th rowspan="2">代码</th><th rowspan="2">名　称</th><th rowspan="2">重要程度</th></tr>
<tr><th>代码</th><th>名称</th><th>鉴定比重</th><th>代码</th><th>名称</th><th>鉴定比重</th><th>代码</th><th>名称</th><th>鉴定比重</th></tr>
<tr><td rowspan="5">B</td><td rowspan="5">相关知识
(90:30:00)</td><td rowspan="5">60</td><td rowspan="5">C</td><td rowspan="5">主体制作
(54:04:00)</td><td rowspan="5">29</td><td rowspan="5">D</td><td rowspan="5">镶嵌
(30:00:00)</td><td rowspan="5">15</td><td>026</td><td>独粒大钻精镶的注意事项(二)</td><td>X</td></tr>
<tr><td>027</td><td>包角镶的适用范围</td><td>X</td></tr>
<tr><td>028</td><td>包角镶的加工齿托孔方法</td><td>X</td></tr>
<tr><td>029</td><td>包角镶的挫豁口工具</td><td>X</td></tr>
<tr><td>030</td><td>包角镶的嵌钻要领</td><td>X</td></tr>
</table>

第三章　理论知识考试复习指导

一、基本要求

（一）鉴定要求

高级贵金属首饰手工制作工的基础知识，要求考生掌握职业道德基本知识；中国首饰发展简史；首饰绘图的基础知识；常用贵金属材料的物理化学性能；常见珠宝的基本知识、钻石标准；一般首饰的制作工艺和相关产品的技术标准等。

（二）复习重点难点

1. 职业道德的基本知识

（1）职业道德的基本内涵。职业道德是指从事一定职业劳动的人们，在特定的工作和劳动中以其内心信念和特殊社会手段来维系的，以善恶进行评价的心理意识、行为原则和行为规范的总和，它是人们在从事职业的过程中形成的一种内在的、非强制性的约束机制。职业道德有三方面的特征：一是范围上的有限性；二是内容上的稳定性和连续性；三是形式上的多样性。

（2）市场经济条件下，职业道德的功能。在市场经济条件下，职业道德具有促进人们的行为规范化、提高企业竞争力的作用。

（3）企业文化的功能。职业道德是企业文化的重要组成部分。企业文化贯穿于企业生产经营过程的始终，对于社会的进步、企业的发展和企业职工积极性、主动性和创造性的发挥都具有重要的功能和价值。企业文化的功能包括：自律功能、导向功能、整和功能、激励功能。

（4）职业道德对增强企业凝聚力、竞争力的作用。职业道德是增强企业凝聚力的手段，是协调职工同事关系的法宝，有利于协调职工与领导之间的关系，有利于协调职工与企业之间的关系。职业道德可以提高企业的竞争力。

（5）职业道德是事业成功的保证。职业道德是事业成功的重要保证，没有职业道德的人干不好任何工作；职业道德也是人事业成功的重要条件，每一个成功的人往往都有较高的职业道德。

（6）文明礼貌的具体要求。文明礼貌是从业人员的基本素质，遵循文明礼貌的职业道德规范，必须做到仪表端庄、语言规范、举止得体、待人热情。

在职业交往活动中，仪表端庄的具体要求是：着装朴素大方、鞋袜搭配合理、饰品和化妆要适当、面部、头发和手指要整洁、站姿端正。

在职业交往活动中，语言规范的具体要求是：职业用语的基本要求：语感自然、语气亲切、语调柔和、语流适中、语言简练；要用尊称敬语；不用忌语，说好

"三声"，即招呼声、询问声、道别声；讲究语言艺术。

在职业交往活动中，举止得体的具体要求是：态度恭敬、表情从容、行为适度、形象庄重。

在职业交往活动中，待人热情的具体要求是：微笑迎客、亲切友好、主动热情。

（7）爱岗敬业的具体要求。在市场经济条件下，爱岗敬业的具体要求是：树立职业理想、强化职业责任、提高职业技能。

（8）对诚实守信基本内涵的理解。诚实守信是维持市场经济秩序的基本法则，在市场经济条件下，可以通过诚实合法劳动，实现利益最大化。

从业人员诚实守信的具体要求是：一要忠诚所属企业：诚实劳动、关心企业发展、遵守合同和契约；二要维护企业信誉：树立产品质量意识、重视服务质量、树立服务意识；三要保守企业秘密。

（9）办事公道的具体要求。从业人员在进行职业活动时要做到坚持真理、公私分明、公平公正、光明磊落。

公平公正的具体要求是：按照原则办事、不徇私情、不怕各种权势、不计个人得失。

（10）勤劳节俭的现代意义。勤劳节俭是人生美德，其现代意义在于它是促进经济和社会发展的重要手段，有利于企业增产增效，有利于企业可持续发展。

2. 首饰的发展简史

随着人类的进步和社会的发展，首饰也在逐渐发展和演变。从发掘的历代文物中，我们可以知道，原始社会的饰物主要是红色石珠、穿孔牙齿和磨光的兽骨。

金属首饰出现的年代是商代。商代中期（公元前 14 世纪到公元前 13 世纪），我国已经初步掌握了制造金器的技术，从而出现了黄金饰品，这些小件金块和金片是经工匠锤锻加工而成的，造型虽然比较简单，但工艺已达到一定的水平，如金耳环、条状金片等。

在欧洲，享有“首饰王国”美誉的国家是意大利。

3. 黄金材料

纯金具有瑰丽的正黄色泽，故称黄金（Aurum）。化学元素符号为 Au，硬度为 2.5，与人的指甲硬度相近。当黄金中含有其他金属时，成为金合金，即 K 金，颜色会随之改变，例如含银量增加时，颜色变淡；含铜量增加时，颜色变深。

（1）物理性能。黄金具有极好的延展性。1 克纯金采用现代加工技术可拉成 3420m 长的细丝，轧成 0.23×10^{-8} mm 厚的薄膜。

黄金具有良好的导电、导热性。

黄金的密度很大。金的密度是 19.32 克/立方厘米（g/cm^3），熔点为 1064.43℃；接近熔点温度时，由于体积受热膨胀，黄金密度降为 17.3 克/立方厘米（g/cm^3）；挥发性小，稳定性好，“真金不怕火炼”是指黄金在各种条件下有很好的稳定性。

（2）化学性能。化学稳定性强，基本上不受酸碱腐蚀。但某些单酸、混酸却具有溶解黄金的性能，例如王水等。

黄金可以形成氯化物、氰化物、氧化物等。黄金的化合物很容易还原为单质。

(3) 黄金的成色。纯黄金或其合金制品中含金量的多少称作成色或纯度，有两种方法表示：其一为百分制，纯金为100％，10％叫做一成，0.1％叫做一点。我国常从色泽上判断黄金成色："七成者青，八成者黄，九成者紫，十成者赤"。第二是K制，即把纯金分成24份，叫做24K；金合金制品中占1/24份纯金就叫1K，占14/24份纯金就叫14K金，占18/24份纯金就叫18K金，依此类推。

(4) 黄金的计量。黄金的计量，秦朝以来使用"斤、两、钱"为单位，解放以后，国务院统一了度量衡单位，以吨、千克和克为计量单位，但是民间及中国香港、台湾地区仍以两作为计量单位，1小两等于31.25克，1司马两＝37.42克。目前国际上通用的是以"盎司（oz)"为计量单位，1盎司＝31.1025克。

4. 铂金材料

铂（Platinum)，元素符号Pt，银白色，硬度为4.3，密度达21.45克/立方厘米（g/cm^3），熔点高达1773.5℃。化学稳定性好，是稀有的首饰用金属，以其独特的光泽和魅力吸引人们。

主要特点是：珍贵稀有，仅有南非和俄罗斯等少数国家出产，且冶炼工艺复杂，是贵金属之王；无瑕纯净，自然天成，经常佩戴也不会出现斑点或褪色，且与任何肤色都能匹配，衬托佩戴者的清秀、高雅和脱俗；质地柔软，坚韧不变，其强度和韧性是黄金的2倍，用铂金制成的项链或各款镶嵌宝石的首饰牢固可靠；密度高，永不磨损，也不易被划伤，经得起时间的考验，值得一生珍藏。

首饰用铂有：足铂（Pt990）、950 铂（Pt950）、900 铂（Pt900）、850 铂（Pt850）等，其中 900 铂以其强度高、外观美丽而用途最广。

5. 白银材料

银（Silver），元素符号为 Ag，硬度为 2.5，白银的密度为 10.5 克/立方厘米（g/cm^3），熔点为 961.93℃。因其色白而称为白银。白银在贵金属材料中储量较大，价格也较便宜，因此首饰中广为采用。它的主要特点是：颜色洁白光润；密度较大，不易挥发；柔软，延展性好；能溶于酸碱。白银掺入其他金属后，颜色逐渐加深且质地变硬。

首饰用银有：足银（纹银）、925 银（Ag925）、800 银（Ag800）等。足银质地较软，为了增加硬度常在银中加入适量的铜；另外，为了防止表面氧化常作镀金、镀铑处理。

6. 焊接设备

焊枪的主要功能是熔化和焊接。一般焊具由焊枪、燃料壶、压力调节器（含聚气）、连接管等部件组成。焊枪通过气流量的大小和比例来控制火焰粗细、长短，从而调节或选择适当的温度（包括焊料）对贵金属进行焊接或熔化。

水焊机的特点是火力集中，适合于高温、快速的焊接工作，特别适合于铂金、黄金、K 金的精密、高级、高品质首饰的生产与加工。使用气焊机时要严格禁止氢和氧气的回流，以防发生爆炸。

7. 常见镶嵌用珠宝基础知识

除贵金属铂、金、银及它们的合金外，首饰的另一类主要材料是珠宝，含珍珠和宝石。宝石是指自然界中色泽艳丽、透明无暇、硬度大、化学性能稳定，具有特殊光学效应，粒度大于3mm以上的单矿物晶体。现在将适合于雕刻、琢磨成精美工艺品的原料矿石是广义上的宝石，包括有机、无机两大类，而无机宝石又分为天然宝石和人造宝石两种，人造宝石是指通过人工合成的宝石和仿真加工的赝品。

宝石必须具备美观、耐久、稀少三大特征。镶嵌用的宝石主要有钻石、红蓝宝石、翡翠、玛瑙、珍珠等。现在，除了天然宝石以外，大量从实验室、工厂中制造的人造宝石如人工合成的红宝石、蓝宝石、紫水晶、金刚石等也用到首饰中，甚至色泽艳丽的人造含铅玻璃、塑料制品和仿铝无机化合物等也有使用；但真正高档的首饰仍然采用天然的钻石、红蓝宝石、祖母绿、翡翠等材料，它们所特有的美观、耐久、稀少、珍贵是其价值的体现。

中档的宝石如坦桑石、欧泊、海蓝宝石、绿柱石、碧玺等也大量用于首饰制作。

有机宝石均与生物有关，经过加工可以做成首饰或工艺品。如珍珠、珊瑚、琥珀、煤玉等。

宝石的计量单位是克拉，1克拉（ct）＝0.2克（g）＝100分（point）。

(1) 钻石。钻石的矿物名称是金刚石（Diamond），钻石由于硬度很高而很难琢磨，加之其折光率高而晶莹剔透，经久耐磨。“永久不变”，常用来作为爱情的信物。

①钻石的基本特性。钻石的化学成分是碳（C），常含有微量杂质元素。一般把钻石金刚石分为 2 个类型 4 个亚类即Ⅰ型（Ⅰa 和Ⅰb 型）和Ⅱ型（Ⅱa 和Ⅱb 型），例如Ⅰa 型金刚石的含氮量为 1%—3%。金刚石一般呈无色、淡黄色和淡褐色，偶尔也有淡绿色、红色、粉红色、绿色、蓝色、紫色和黑色，为透明均质体。金刚石的折光率为 2.417，色散度是 0.044，莫氏硬度达到 10（最高级），密度为 3.52 克/厘米^3（g/cm^3）。

②钻石的 4C 标准。钻石的 4C 标准是指克拉重量（Carat weight）、颜色（Color）、净度（Clarity）、切工（Cut）四个方面的要素，因四要素英文名称的第一个字母都是以“C”开头，所以称为 4C 标准。

③钻石的重量。由于自然界中大粒径的钻石十分难得，使钻石重量成为经济评价中的首要因素（与重量的平方成正比）。钻石的重量除了用精密天平称量外，也可以用计算公式和经验数据估算（例如对于已镶嵌在首饰上的钻石）。标准型圆钻石有两种估算方法，即经验数字和计算公式。一般通过腰围直径计算：

$$\text{标准型圆钻石重量}=\text{腰围平均直径}^2\times\text{深度}\times 0.0061\text{（换算系数）}$$

其中，腰围应多测几次取平均值；钻石深度指上起台面下至锥尖的尺寸。例如，若标准型圆钻石的腰围直径为 1.3mm，则其重量为 0.01 克拉（ct）；若标准型圆钻石的腰围直径为 2.0mm，则其重量为 0.03 ct；若标准型圆钻石的腰围直径为 3.0mm，则其重量为 0.1 ct；若标准型圆钻石的腰围直径为 2.9mm，则其重量为 0.09 ct；若标准型圆钻石的腰围直径为 6.5mm，则其重量为 1.00 ct。

梨形钻石重量＝长×宽×深×调整系数

其中调整系数可查阅有关书籍。例如，若有一梨形钻石，长为 7.22mm，宽为 3.9mm，深为 2.5mm，则其重量为 0.7039 ct。

④钻石的颜色。钻石颜色的分级标准各国不尽相同，但可以大致对照。我国采用数字分类法，95 色以上属无色类，92—95 色属白色类，92 色以下属黄色类；一般在 85 色以上的金刚石方可用来琢磨成钻石。

与国际对照，100 色可以与美国宝石研究所（GIA）钻石颜色分类法中的 D 组相类比，属于无色—白色类；99 色可以与美国宝石研究所（GIA）钻石颜色分类法中的 R 组相类比，属于无色—白色类。98 色可以与美国宝石研究所（GIA）钻石颜色分类法中的 F 组相类比，属于无色—白色类。

⑤钻石的净度。钻石的净度是以钻石在 10 倍放大镜下观察的结果为依据而进行分级的，包括内部原有缺陷和加工过程中对钻石表面所造成的破坏。净度分为 6 个等级：完全洁净级（无瑕）、内部洁净级（VVS）、非常非常细微的内部瑕疵级（一号花）、很细微的瑕疵级（二号花）、轻微瑕疵级（三号花）、不洁净级（大花或四号花）。

美国宝石研究所（GIA）的钻石净度等级包括 FL，表示完美无暇。

⑥钻石的切工。钻石的切工分为优、良、中、差四个等级。评定的内容包括钻石的款式、对称性、加工光洁度和人为损伤等。

根据国际钻石委员会（IDC）的钻石切工分级标准，优等级钻石的冠部角应为 31°—37°，优等级钻石的亭部角应为 40°—42°。

（2）红、蓝宝石。红宝石和蓝宝石是色美、透明的宝石级刚玉。除红色的称为红宝石外，其余如蓝、淡蓝、绿、黄等宝石级刚玉都称为蓝宝石。以其晶莹剔透的美丽颜色被人们蒙上超自然的神秘色彩，从而被视为吉祥之物，跻身于世界五大珍贵宝石之列。目前市场上见到的红、蓝宝石大多产自缅甸、斯里兰卡、泰国、澳大利亚和中国，以缅甸、斯里兰卡所产为上佳品种。

红蓝宝石的化学成分是三氧化二铝。红宝石的颜色呈红色或玫瑰红色；蓝宝石呈靛蓝色、蓝色、浅蓝色、绿色、黄色、灰蓝色、无色；玻璃光泽，二色性强；红、蓝宝石的色散度为 0.018。

红宝石与相似红色宝石的区别：红宝石颜色不均，可见到深浅不同的平直色带；含绢丝状或指纹状气液包裹体；裂理沿聚片双晶面发育，裂面平直或呈参差状；二色性明显。

蓝宝石的最大特点是颜色不均，可见平行六方柱面排列的、深浅不同的平直色带和生长纹；聚片双晶面发育，常见百叶窗式双晶纹，裂理多沿双晶面裂开，二色性较强。

（3）翡翠。翡翠是一种以硬玉为主的辉石类矿物的聚合体，化学成分是硅铝钠氧化物，由于其成分的不同呈现祖母绿色、苹果绿色、豆绿色、油青色、白色、藕粉色及红色。

绿色是翡翠之宝，也是鉴定翡翠的重要依据。根据绿色的色调、亮度及饱和度，可将绿色大体分为祖母绿色（艳绿色）、苹果绿色、葱心绿色、菠菜绿、油绿、灰绿等 6 种。透明度好、颜色均一的祖母绿色属翡翠中的特级品。

翡翠的质地是指它的结构和透明度。翡翠的质地不如软玉细腻均一，一般情况下可见小斑晶和斑晶周围的纤维状，呈变斑晶交织结构。小斑晶即翠性也叫盐粒子性，透明度稍差的白色斑块是业内专家所称的石花。

翡翠的质地有玻璃地、蛋清地、油青地、干地等几种。以结构细腻的玻璃地为上品，而光泽暗淡的翡翠因其色泽呆板而少受欢迎。

翡翠的主要鉴定特征可通过抛光面来判断：不论是原料或成品，可见变斑晶交织结构；翡翠中均有细小团块状、透明度较差的纤维状晶体；翡翠颜色不均，在白色、藕粉色、油青色、豆绿色的底子上伴有浓淡不同的绿色或黑色；翡翠的光泽明亮，抛光度好，呈明亮柔和的玻璃光泽或珍珠光泽。

（4）玛瑙。人们常以珍珠玛瑙作为财富显示富贵，是广受人们欢迎的中档玉料。

玛瑙是隐晶质的二氧化硅，为粒状或短纤维状结构，环带状构造。玛瑙具有各种颜色的环状条纹，半透明，玻璃光泽，贝壳状断口，折光率为1.54—1.55，硬度为7，密度为2.61—2.65克/立方厘米（g/cm^3），当玛瑙中含铁质时呈红色，含碳质时呈黑色，含镁、钙时呈白色，含镍时呈绿色，含锰时呈褐色。

玛瑙按颜色可分为红玛瑙、蓝玛瑙、紫玛瑙、苔藓玛瑙、水胆玛瑙等5种。

(5) 珍珠。珍珠属有机宝石的范围，它的英文名为Pearl。因其洁白的彩色晕光、典雅的外观而受人喜爱。珍珠的化学成分主要是碳酸钙，其颜色有白、粉红、淡黄、淡蓝、淡紫、灰色和黑色等，以白色为主。

目前市场上有天然珍珠、海水养珠、淡水养（殖）珠和赝品。

天然珍珠多呈圆粒状，核心极小，是肉眼看不到的砂粒、细菌、寄生虫或气泡，其圆截面由里到外由一层层极薄的同心圆状珍珠层组成，结构均匀，硬度相同。

养殖珍珠分为海水养殖和淡水养殖两种，均采用有核培殖珍珠法。

天然珍珠与养殖珍珠的区别在于是否有核，另外人工养殖珍珠的透明度较好，具有半透明的凝胶状外表，使其表面不如天然珍珠光滑。

目前还有将珍珠放在硝酸银溶液中浸泡后阳光下曝晒而成的黑珍珠，应予区别：染色珍珠颜色均匀，光泽差，易掉色。

人工制造的假珍珠（赝品）有充蜡玻璃仿制珠、实心玻璃仿制珠、塑料镀层仿制珠等，均可用针探法、钻孔法加以识别。

（6）人造宝石。目前绝大多数高级宝石均有与其相应的合成宝石或仿制品。合成宝石是指其物理、化学特性与天然宝石基本相近的人造宝石。仿制宝石则指与天然宝石的物理、化学特性不同的仿制品。目前市场上常见的合成宝石有人造锆石、人造红、蓝宝石、合成尖晶石、合成祖母绿、合成金红石、合成欧泊、合成紫晶、合成星光红宝石等。仿制品有立方氧化锆、钇铝榴石、钆镓榴石、钛酸锶、人造猫眼石、玻璃、塑料等。

合成宝石的制作有焰熔法、熔融法、水热生长法和助熔剂熔化法等 4 种。

人造锆石是最佳的仿钻赝品，为前苏联于 1976 年首先制成，因而常被称为苏联钻；用焰熔法将纯净的三氧化二铝加各种色素离子制成的红、蓝宝石目前也大量采用；人造猫眼石则大部分是玻璃猫眼，是用玻璃纤维加热到半熔化状态而制成的。

8. 首饰的设计知识

所谓设计，是借助规定的符号、线条，把构想、计划通过一定的手段，使之视觉化的形象创作过程，是一个收集、整理、分析、积累、创新的过程。设计作品往往是个人阅历、文化修养、审美情趣、社会洞察力及经验积累的综合体现，以不断适应社会意识形态的发展变化和消费者求新求变的心理需求。

（1）重复。在同一设计中使用完全相同的视觉元素的方法叫重复。重复可使人在视觉上产生反复的深刻印象和单纯统一的美感，引起人们的视觉注意而成为视觉中心，因此，往往成为表现的重点。从美学角度上看，重复能表现有秩序的视觉形象，给人一种和谐的气氛。因此在首饰设计中常将两个或多个基本形象反复排列。

（2）近似。两个形象属于同一类而彼此又并不完全相同，谓之近似。它往往是同中有异或异中有同，把某基准形状稍作左右、上下变动，或利用两个形象的相加或相减都可得到近似形，此外，还可利用不同的方向或位置变动得到近似形。

（3）渐变。渐变是一种有规律的变化，是一系列重复形状的物体在与视觉距离不同的环境下产生的变化。它可以是形象的渐变、排列次序的渐变，也可以是大小、色彩、肌理、位置、方向、骨骼单位等的渐变。

（4）对称。对称是同形同量的组合，是在一假想中心线（点）的上下或左右，图案各构成因素呈同形同量的配置。对称体现了统一、和谐、严谨，呈现庄重、稳定、整齐的美感。对称又可细分为轴对称、中心对称、三次对称、四次对称、五次对称、六次对称及八次对称。

（5）均衡。均衡是异形同量的组合，是指一假设中心线两侧，虽形状与形状不同，但视觉形象或重量相当，重心平衡。均衡既体现了变化又富于动感，具有生动活泼的特点，呈现丰富多变的动态美感。

（6）对比。对比是指两个在质或量方面互相有明显差异的因素之间的搭配，其效果是反差更明显、对比更强烈。例如，大小、方圆是形状的对比，明暗、冷暖是色调的对比，粗糙与光滑、轻薄与厚重是质的对比，刚与柔、严肃与活泼是感觉的对比。对比是不同因素的呈现，在对比中互相衬托、彼此作用，以取得清晰、醒目、强烈、突出的效果，出现生动活泼的美感。

(7) 调和。调和是指构成美的因素之间的统一和谐，而不是分离排斥，调和强调近似、含蓄，是统一的体现。设计优秀的调和是要素之间的共同性，同时也有一定的差异，从而避免陷入单调。

(8) 节奏。节奏是指图案的诸要素有秩序、有条理地反复出现。形的大小、线的曲直、色的冷暖、数的多少、位置的聚散、空间的虚实等诸要素在有条理的反复中，给人以节奏感。没有节奏就不是音乐；同样，没有节奏就不是好的艺术品。因此优秀的首饰工艺设计师应追求节奏感。

(9) 韵律。韵律是指图案构成的诸因素在条理与反复所产生的节奏中表现出像诗歌一样的抑扬顿挫。形状或方或圆，色彩或浓或淡，质地或刚或柔等，在其渐变、起伏、反复交错的组织中，呈现出不同的韵律美。无反复则无韵，无条理则无律。

(10) 比例。比例是指饰物的局部与整体、局部与局部之间的相对关系。比例关系掌握得当，即成为一种美的条件。比例关系用在长度上，一般采用黄金分割比(1∶0.618)。比例是决定作品大小及各部分之间关系的重要因素。

9. 绘图基础知识

图形设计可以分为平面构成、立体构成、色彩构成三个方面，应追求各要素的动态平衡效果，通过各要素之间的对比产生视觉活力，使明暗、曲直、正负、虚实、动静诸因素构成一个严谨的整体。设计时要注意点线面的构成、几何形的组合构成、发射构成、渐变构成、突变构成、空间构成、分割构成、连续构成原理及临摹、放样的关系。

（1）点、线、面的构成。点一般为圆形，但较小的方形、三角形或其他不规则形状相对于面来看，也可以视为点。点的基本特征是细小，小巧玲珑。尤其是单独的点具有强烈的注目性，而两个大小相同并相隔一定距离的点，则给人以张力感、终止感；三个以上并相隔一定距离的点，能产生面的感觉；依一定规律排列的点，可产生节奏感、韵律感、方向感和空间感。

线是点移动产生的轨迹。线不仅有长短，而且有粗细。线在空间的方向性和长短构成线的主要特征。长线具有持续性的动感；短线具有断续性、迟缓性的动感；粗线具有厚重感和迟缓性；细线具有轻松感和敏锐性；直线具有明确性、简洁性、锐利性，给人以紧迫感、速度感和力度感；水平线给人以稳定、庄重、静止、平和的意味；垂直线给人以崇敬、高尚、庄重的意味；斜线具有方向性和强烈的动感特征；曲线具有丰满、优雅、柔软、和谐和律动的意味；几何曲线如圆、椭圆、抛物线等，具有节奏、比例、规整性与单纯中的和谐感，富于现代的审美意味；线的不同排列可以表现丰富多变的虚面。

面是一个二元空间，由线在空间的移动构成。可以细分为几何性的面、有机性的面、直线性的面、偶然性的面、不规则的面等，给人以不同的视觉感受。正方形、等边三角形，具有安定、强固、简洁、有序的视觉特征；圆形、椭圆形，具有柔软性、数理性、秩序性和明快、自由、整齐的审美意味；自由曲线构成的有机性面，给人以纯朴、秩序和富于人情味的美感。

点、线、面作为几何图案的构成元素，既有其自身的独立性，相互之间又有密切的联系，点的扩大是面，面的缩小即为点，点的移动构成线，线的移动构成面。善于利用点线面之间的关系可丰富设计思想，表现设计理念。

（2）几何形的组合。在设计思维中，分解是一种创造，组合也是一种创造。形与形之间的组合关系主要表现为8种形式，即分离、相接、覆叠、透叠、联合、减缺、差叠、重合。在首饰设计中，主要的组合方式有：

相同基本形的累积组合。相同基本形的累积组合是在几何基本形内运用对称的多种表现形式，以性质相同的几何基本形进行累积组合，在限定的空间内求得变化以构成单独纹样。相同基本形的累积组合富于安定与谐调的美感。

相异基本形的累积组合。相异基本形的累积组合是在几何基本形内运用对称的多种表现形式，以不同性质的几何基本形进行累积组合，在限定的空间内求得变化以构成单独纹样。该种组合方式要注意处理好主次关系，以主形求统一，以次形求变化。相异基本形的累积组合具有丰富与生动的美感。

基本形的群化组合。相同基本形的群化组合是将两个以上的多个基本形，依据对称形式法则，以重复的方法群化组合构成单独纹样。基本形的群化组合的设计应单纯，忌繁琐；应有明显的方向特性，在简洁中求变化；基本形各边之间要有一定的数理关系，注意群化组合中的相互衔接，以构成有机联系的整体。

几何基本形分解重构的组合。分解重构组合是将基本几何形或几何多边形依据数理方法进行分割，将分割后的形体按一定的方位进行不同配置的组合，从而构成不同的单独几何纹样。分解与重构是分解重构组合的两个重要环节。原形分解时应力求相互关联、巧合、简洁、单纯；重构是纹样的构成，要注意多种组合形式的探索，以求整体的形式美感。

（3）发射构成。发射是渐变的一种特殊形式，是由一种有秩序性的方向变动而形成的。发射的前提是确定发射中心，中心是方向变化的根据，中心编排、方向变化应遵循一定的规律。

按自然现象编排发射规律。主要有两种编排方式：一是指按照树木花卉的生长方式编排；二是按照自然界的发光体（辐射）方式等来进行发射规律的编排。

发射骨骼的种类。离心式发射：其骨骼线由发射中心向四周发射，骨骼线可以是直线、曲线或弧线；向心式发射：其骨骼线由各个方向朝中心迫近，是离心式发射的反转；同心式发射：其骨骼线层层环绕中心布置。

（4）渐变构成。渐变是一种具有逐渐改变规律的表现形式。例如，形象的渐变、排列次序的渐变。基本形的渐变包括形状、大小、色彩、肌理、位置、方向的变化；骨骼单位的渐变包括单元骨骼渐变、双元骨骼渐变、分条骨骼渐变、等级骨骼渐变、阴阳骨骼渐变等多种。

（5）突变构成。突变亦称特异，它依赖于秩序而存在。特异的目的在于突出焦点，打破单调重复的画面。任何元素都可以做特异处理，如形状特异、大小特异、色彩特异、肌理特异、位置特异、方向特异等。

（6）空间构成。空间是先于形象的客观存在，但有形象才能决定空间的性质。在设计中形象和空间之间的比例及相互关系，会使作品产生不同的效果。设计中常采用自然空间、暧昧空间、矛盾空间、平面性空间与幻觉性空间的概念与技巧。

（7）分割构成。分割是一种创作活动，对任何形体的分割都可以创造出新的形体。只有创造出具有鲜明个性和形式美感的形体，才能成为设计中的分割。

①外形变化。以基本几何形作为分割的原形，进行方圆曲直的外形分割，且分割后的图形应保持原形的基本特征，求得精确美、秩序美、和谐美的外形变化。

②骨架构成。骨架或骨骼，是纹样组织的重要形式。以分割求骨架是单独纹样构成的基础。它依据基本几何形的性质和数理关系先求中心，再根据设计的需要分割骨架。如等边三角形的重（中）心、圆形图案的圆心等。

③纹样配置。在基本形内以直线、曲线、折线、弧线进行分割，再依据骨架按大小、主次、虚实等要素配置纹样，使纹样既要有整体的统一，又要有局部的变

化，以提高对骨架的适应。

（8）连续构成。连续构成是依据条理与反复的组织原则，以单位纹样根据一定的组织骨式向左右、上下几个方向重复排列组合而成为无限循环组织的图案。连续构成具有秩序性和规律性的节奏美。可分为二方连续和四方连续纹样两大类。在纹样组织上的特征是，都有一个单位纹样，都有一定的组织骨式。

（9）临摹。临摹是对优秀作品进行模仿，以学习他人的长处和经验，减少走弯路和摸索的过程，学习书法、绘画常用之。

临摹的步骤一般分为描影、临稿和写生。描影即采用透明纸蒙在原作上进行描画；临稿是对照原作进行绘画练习；写生则是看着实物进行绘画训练。当对首饰绘画有了比较清晰的了解和认识后，方可尝试进行首饰的设计。

（10）放样（制版）。放样是制版师在消化、理解设计意图的基础上，把已完成的或现成的设计稿按一定比例以实物形式表现出来的过程，所以也称制版。制版分手制银版、手雕蜡版两大类。

手制银版的过程为：

①分析图样：分析整体构造，向设计师咨询各种要求，弄清图样结构，做好准备工作；

②分件处理：根据设计图样准备银片银丝，分片制作。制作时要体现设计意图，达到一定的艺术效果，使整体布局匀称，比例协调；

③摆放初坯：将分件按图样要求摆放成拱形，并不

断调整以体现设计的艺术性，并检查整体效果；

④银坯定型：初坯确认后，将黄白石膏粉浇在银坯上固定银坯，以便下道工序进行高温焊接。放置干透后再清洗橡皮泥；

⑤焊接成型：将石膏粉固定后的银坯要采用银焊焊接。焊接后洗去石膏粉，银版图样要求的底部线条应用银丝逐段焊牢定型；

⑥版面处理：焊接后的银版还比较粗糙，应先用锉刀、砂纸、砂轮、牙针等对轮廓表面及死角进行处理，再用细砂纸整磨光滑，出现砂眼处应及时给予修补，使银版线条清晰、棱角分明、主题突出、造型优美；

⑦水口（浇道）定位：先检查银版的重量，确认后在适当的位置焊上水口棒，应确保蜡液和金属液的流通顺畅。水口棒尽量放在银版一端，不要焊在银版中间，以保证表面的圆润光滑。

10. 行业标准和国家标准

首饰珠宝行业执行的国家技术标准主要是：

首饰含金量化学分析方法　GB/T 9288—998

首饰含银量化学分析方法　GB/T 11886—1989

铂首饰化学分析方法，钯、铑、铂量的测定　QB/T 1656—1992

珠宝玉石名称　GB/T 16552—2003

珠宝玉石名称　GB/T 16553—2003

钻石分级　GB/T 16554—2003

贵金属饰品术语　QB/T 1689—1993

宝玉石饰品标识规定　DB32/187—1998

贵金属首饰　QB/T 2062—1994

首饰贵金属纯度的规定及命名方法　GB11887—2002

金银饰品重量测量允差的规定　QB/T 1690—1993

二、相关知识

（一）鉴定要求

高级贵金属首饰手工制作工的相关知识部分，要求考生掌握制作工具的钢材知识，并根据需要自制常用小型工具、夹具的方法；各种进口工具，例如镶嵌用铣刀的牌号、规格、配备及用途；花草、飞禽的结构和动物解剖知识，并运用构图原理和透视理论，绘制复杂的图稿；进行展开放样、实样缩小和计算；贵金属材料的选用和计算；宝石镶嵌的理论和具体选用；大、中型的人物、动物等立体摆件制作知识和工艺质量要求；各种复杂、精细镶嵌知识和工艺质量要求；生产的组织和质量管理知识；三酸、王水和安全生产等知识。

（二）复习重点难点

1. 划线

（1）划线的概念。根据设计图样或实物尺寸，在毛坯或工件表面正确划出加工界线称为划线。

划线是一种细致、严谨的工作，其作用主要是使加工时有明确标志和界线；同时，如何充分、合理地利用贵金属材料，划线工作也起着至关重要的作用。

（2）划线工具。

划线平台。划线平台是一块有一定厚度并经过时效处理的铸铁平板，其表面应经机械加工成为光洁度较高的平整平面，以作为划线的基准。

划针。常用的划针用直径 3—4mm，长度适宜的不锈钢或弹簧钢制成，在其一端焊上硬质合金后磨成 15°—20°的锐角。

划规。划规分为普通划规和能固定角度的划规等几种，主要作用是量取尺寸、等分线段、划圆周或曲线、测量距离等。

样冲。样冲一般用弹簧钢或工具钢制成，长度约 80—120mm，直径约 8—12mm ，尖端磨成 45°—60°的圆锥形，并经淬火硬化而成。主要作用是钻孔时冲定位眼，划线放样后冲小眼作为加工标志。

划线的工具还有直尺、橡皮等。

（3）划线方法。所有的划线图形都是由点、线、面组成的。应掌握平行线、垂直线、圆周等分等基本划线方法。

划线时应根据选定的基准线或基准面来确定其他所有点和线的位置。划线的方法，一般应先确定各相关点的位置，再确定线的位置。

2. 放样

（1）放样的概念。根据图形或实物按一定比例在放样台上画出构件轮廓、准确定出尺寸的过程叫放样。

（2）放样基准。加工件上用以确定其他点、线、面位置的依据称为基准。一般有基准线和基准面两种，例如，以两个互相垂直的平面作为基准；或以两条互相垂直的中心线作为基准。基准线和基准面在加工过程中应尽量保留，以便作为检测依据随时测量。

（3）放样步骤。首先要确定基准线（或面），再通过一般的几何作图的划线方法定出其他点、线、面的位置，然后在中心线、轮廓线等部位打上样冲眼。

实际放样的基本程序，也可用黄板纸（卡纸）量出尺寸，画图样，剪裁。

（4）加工余量。考虑到实际加工时会有一定的材料消耗，加之材料本身也会发生一些变化，所以放样划线时应作必要的估算，适当留有余量，以保证产品质量。

3. 材料切割

（1）剪切。剪切是利用上下两刀片的相对运动来切断材料的加工方法。主要特点是效率高，切口光洁。常用剪切设备有剪刀和手动剪切机等。

（2）冲裁。利用专用冲模和冲床设备使板料相互分离的加工方法叫冲裁，这种方法主要用于批量生产。

（3）卷边。将薄板边缘卷曲成管状或压扁成叠边的加工工艺称为卷边。卷边的作用是提高薄板零件的刚性和强度，同时可消除板料边缘锐利的锋口。卷边可分为夹丝卷边、空心卷边、单叠边和双叠边等多种。

手工卷边和弯曲方法：卷边时划线，放边，放衬，回火并反复敲打；弯曲时划线，衬弧，回火并反复敲打。

（4）拱曲。拱曲就是将平面板料的中间锤薄，四周收边形成开口的空心零件。

拱曲加工通常在模胎上进行，加工过程中常常锤打和退火交替进行，从边缘开始，逐步移向中间。应掌握四周变形以收缩为主，而中间锤打使伸长为主。

4. 进口小工具

镶嵌用铣刀。铣刀的主要功能是钻孔，铣削平面、端面、球形、伞形，开槽、去棱、修边，及各种不规则形状的加工；在首饰制作中，还常常用于修整锉刀难以达到的内曲面及小凹凸面的精细加工。

铣刀的名称一般来源于其形状，常用的品种有圆钻、飞轮钻、伞钻、桃钻、直身狼牙棒、斜身狼牙棒、吸珠钻、厚飞碟钻、薄飞碟钻等，其规格尺寸可查阅有关资料。

铣刀的选用，应根据所镶宝石的形状和大小而定。人小件镶嵌所用铣刀的规格通常为 8 号—18 号，8 号—28 号。

5. 首饰绘图

绘图是首饰设计的重要组成部分和具体体现。贵金属首饰的绘图，首先要通过线条和尺寸来表达首饰的形状、结构、大小及设计意图，同时也要通过明暗和色彩（晕色）来表现特有的光泽和质感（厚度）。描述首饰的尺寸和结构一般用三视图（平面图案）来表达，而描述其外形和色彩一般用透视图，即效果图（立体图案）表达。所以，首饰图案又可以分为平面图案和立体图案。

首饰图案的规律是变化与统一，条理与反复，均齐与平衡。

随着中外文化交流的广泛开展和人们审美情趣的变化，设计的理念已突破传统思维，大胆创新，造型追求简洁，逐步由写实性向个性化、装饰化、抽象化和卡通化过渡。现代流行首饰的发展趋势是设计独特，紧跟流行趋势，符合现代人的个性气质与欣赏品味。现代首饰设计与传统首饰设计的区别包括设计元素的不同，设计构思的不同以及表现技法的不同。

（1）花草的结构。花草植物的结构可分为主脉结构和分枝细脉结构两大部分。也可以细分为根、茎（枝梗）、叶、花、果等几部分。

花草植物的茎由节、节间、芽、分枝几部分组成，茎生长的基本状态有直立、缠绕、匍匐、攀缘等 4 种。

花草植物的叶包括叶片、叶柄、叶托三个基本部分组成；具有这三个部分的叶叫完全叶，缺少叶柄或叶托的则为不完全叶。

花草植物的花由花托、花萼、花冠、雄蕊、雌蕊、花序等几部分组成，花托、花萼组成花蒂，雄蕊、雌蕊组成花蕊。花按结构可分为完全花和不完全花，两性花和单性花。完全花（两性花）具备花萼、花冠、雄蕊、雌蕊四个完整的部分；不完全花（单性花）具备的部分只有雄蕊或雌蕊之一。

（2）花草图案。对于花草类静物的绘画，一般地将其归类为写生。静物的写生要领是正确的观察，完整的构图，规范的作图步骤。

一般花形图案在首饰中的作用包括：适用性、实用性、装饰性。现代流行首饰设计往往将花草进行卡通式的艺术变形，以求首饰的个性形象。

(3) 飞禽的结构。飞禽的基本结构体制左右对称，可分为头、颈、躯干和尾等部分。其基本特点是体制左右对称，被羽，前肢为翼、后肢为脚，脚趾具爪。

(4) 飞禽的绘画。从绘画角度来分，飞禽由头部结构、四肢结构和躯干结构三大部分组成。飞禽的头部要注意其眼睛和嘴部的描绘；各种飞禽的羽翼部分各不相同，大体有三种基本类型，即圆翼、尖翼、方翼；足部结构基本相近，但其趾、跗蹠、蹼则有所差异；躯干部分则被羽毛覆盖，应体现各种禽类的特征。

传统龙凤题材的表现方法主要应突出龙头、凤尾的特征，线条要表现龙的庄重，注意龙凤神态的特征，反映出龙凤呈祥的吉祥寓意。

(5) 走兽的结构。走兽的结构有明显的特点。一般规律，几乎所有走兽躯干的长度（不算脚、颈及头）都是身高的 2 倍。这是走兽绘画的基础。另外，走兽的肌肉分布几乎也是一样的。当然，绘画时也不能一成不变，例如，静态和奔跑、站立和蹲伏的姿势会各不相同，即使奔跑中的姿势，腾跃时展开和收缩的姿态也不相同。

(6) 走兽图案的绘制。走兽图案的绘制方法：从走兽的立体造型出发，运用基本的绘画表现方法，将其身体结构表现出来，包括头部、腹部、尾部、蹄部特征，还有表情特征和动态特征的表现，注意透视关系及其造型特征。

走兽的形和神是刻画的难点，绘画应从整个形体开始，然后再刻画局部细节，整个形体的刻画是成败的关键。动物的绘画可以先从猫、猴、马开始，然后再画凶猛的虎、狮等速度快、变化多的猛兽。例如，马喜悦神态的造型特征是摇头摆尾、欢腾跳跃，头不扬而成后斜状，颈成弧形，尾根翘起，两耳前斜、耳心向前。

6. 三视图

运用三视图来表达首饰产品的尺寸、结构及相互关系是一种较科学、完整的制图方法。它是运用几何投影（即正投影）表现出正面、反面、侧面的基本特征，并标注其尺寸，说明其材料和规格的方法；所谓三视图即主视图、俯视图和侧视图。首饰图案的结构应均齐与平衡。

在贵金属首饰行业，一般三视图采用1∶1的比例关系，可通过实际测量得到，因此图纸上往往不再标注比例；有时设计者为了考虑表现效果或使结构清晰，会选择大于产品实际尺寸的比例来绘制，若不采用1∶1的比例关系，则应标注比例。

首饰产品的三视图应标注尺寸，包括材料（丝、皮）的规格尺寸、产品外形尺寸、各个层面的尺寸、各个零部件的尺寸等。尺寸标注的基本规则为每个尺寸在同幅图纸上只注一次，并标注在结构最清晰的图形上。

另外，有的部件是异形的，尺寸难以标注，操作者可按照“大体有度、微处无度”的原则处理。

三视图中的技术指标也要特别关注，例如，表层深浅尺寸、表面处理尺寸、锐角或直角、附属结构件尺寸、焊接允许误差尺寸、整体造型允许误差尺寸、各零配件允许误差尺寸，以及产品后期进行机械加工的表面光洁度、平行度和焊接温度等。

7. 摆件产品的制作

（1）摆件产品的放样计算。摆件制作的传统工艺中，首先要了解放样及计算。放样、计算要依据设计图稿的要求进行，不同款式、不同造型的摆件，其放样和计算也不同。钣金类摆件要考虑加工过程对材料变形的影响；不需要钣金加工的摆件只要按设计图纸直接计算即可。放样计算的步骤：

①分析设计图稿，理解摆件结构、尺寸、材料、安装程序等环节。

②按空间要求、结构要求确定放样内容。

③计算、确定放样尺寸。

（2）摆件产品的放样步骤。

①将需要放样的部分画成展开图，并做成划子（即样板）。

②选料拼板，即按照计算好的尺寸选择相应的、符合质量要求的材料；把展开图、划子等内容尽量紧凑地排入选定的材料，用针或笔在材料上画出线条或记号。

8. 复杂产品的分解和放样

（1）复杂产品的三视图分解。有些首饰产品结构繁复，层次较多，上下左右不对称，这些首饰产品的分解，往往需要特殊的方法来处理，有时还要借助于透视立体图、局部放大图进行分析和推理。

（2）复杂产品的放样。根据设计图稿的要求，确定材料的形状和规格。对复杂产品的图稿，要认真分析、深刻理解。放样的原则是力求与设计图稿一致，但作为工艺品也并非不能有一丝一毫的差异，在不影响效果和美观的情况下，允许作适当调整。另外，对设计图稿中描述不详的细节，也可以根据自己的理解来确定。

9. 人物及内容丰富的图稿临摹

（1）人物临摹。人物临摹最基本的手法是素描，通过形体结构、比例、位置、运动、线条、明暗等造型因素来表达。

人物临摹可以分三个阶段：第一阶段为落幅，确定全身比例、重心和动势的同时，画出人体的基本形体；第二阶段是用线条和明暗区分人体的各个部分，逐步画出人体的基本形体；最后为深入刻画，进行明暗调子的细描和修饰。

（2）内容丰富的图稿临摹。这里所谓内容丰富的图稿主要是指群体人物及人物与景物结合的情况。对这种人、景、物兼有的复杂图稿，主要是应处理好人物彼此的空间关系及人物和景物的相互结合，关键是掌握好空间透视关系。

景物的写生要领是正确的取景，构图，着色，深入的刻画，调整透视，使其统一。

10. 花瓶、奖杯图的展开放样

（1）花瓶图的展开放样。花瓶的样式和结构多种多样，但展开放样的方法大同小异。第一步是分析理解设计图稿，弄清花瓶的结构；第二步是按空间要求、结构要求确定放样内容，一般地将花瓶分解为若干个圆柱或圆锥；第三步是确定放样尺寸，即按几何图形展开计算：首先计算花瓶的表面积，然后换算出平面展开尺寸。圆柱的展开图为一矩形，其高度与圆柱相同，其宽度为圆柱直径的3.14倍。圆锥的展开图为一扇形，其上下弧长分别为圆锥大小直径的3.14倍。实际下料时应根据不同的工艺路线预留加工余量，最后在试样中修正。

（2）奖杯图的展开计算。奖杯图的展开放样原理与方法，和花瓶的展开放样基本相同，只是在结构分解上可能会更多一些部件，例如，杯盖和底座等。

11. 一般首饰图样的展开计算

小件首饰图样展开尺寸的计算，根据不同材料的比重，进行同体积重量换算，并在制样中修正。

大件首饰图样展开尺寸的计算，先将大件首饰分解成几个不同的部分，先分段计算表面积，再换算成展开尺寸。

实样到成品的缩小比，主要出现在失蜡铸造工艺中，缩小比通常为3%左右。

12. 三视图和立体图

在首饰设计、制作中，三视图和立体图（效果图）是可以互相转换的，而在表达、理解等功能上则可以互为补充。有时，三视图表达设计思想和理念可以精确和完整，但有时用立体图表现则非常直观和清楚。

简单的立体图转换成三视图的要领为：将立体图的正面图形转换为三视图中的主视图，顶面图形转换为三视图中的俯视图，右面图形转换为三视图中的右视图；反之亦然。

大件首饰创意效果图的绘制技法：在效果图的表现上，注意各种表现手法的灵活运用；注意整体的层次关系和立体透视关系；用绘画钢笔将其造型描绘；根据光的变化，运用色彩明暗关系增加画面效果。

13. 钣金、锤打

钣金是利用手工或机械的作用，对金属板料、型材和管件等进行划线、落料、切割、成型、连接等操作，制成各种制品的加工过程。

锤打在贵金属首饰加工中的主要作用是变形，包括锤薄、展长、展细、卷边、拱曲、整平等。锤打的常用工具有锤子、砧子、砧芯、钳子等。锤打时要求锤打落点准确、锤打力度合理、锤打的速度均匀。锤打过程中，要熟悉被锤打材料的变形特性，有些材料在锤打中要随时进行退火处理，以消除金属内部应力而避免碎裂。

14. 焊接

焊接是首饰制作工艺的基础技术之一。经锉削、锤打等工序制成的零件，一般以焊接为主进行组装。首饰焊接是借助焊具的高温，或通过焊料（即焊药）将金属熔化而连接在一起的技术。首饰工艺采用热焊技术，是一种火焰焊接，当工件在聚火喷射下处于高温时，利用低于母材熔点的同质钎料熔化润湿焊缝，冷却后完成物理连接。焊接的常用工具有火枪、石棉板、转动焊接台等。

焊接的一般顺序是，先用锉刀或刮刀清理接合点，在接合点上涂少量硼砂，准备好焊料，用火枪加热待焊零件，待加热到一定温度后将焊料熔入间隙，焊件移离火焰冷却，去硼砂，去多余焊料，无锉刀痕，修光，检查焊接质量。

焊枪用火的种类有聚火、粗火、细水、散火 4 种。聚火火焰凶猛激烈，可在瞬间达到高温；粗火的火焰充足而疾速，火焰的状态大而猛，常在焊接大件时使用；细火的火焰细软而疾速，形状细而尖，通常适合小件焊接；散火是在没有助燃情况下喷出的最大火焰，没有聚焦点，可起保温退火作用。以上 4 种用火方式可根据焊接的具体要求，选择使用。

焊接的基本要求是：焊接部位牢固，焊接接缝平整、光滑且不影响原部件的形状和表面。运用焊接工艺时：一要注意正确掌握火焰温度；二要正确选择焊料。点线面焊接的技术要求是：锉平，固定，硼砂均匀涂上，先进行面焊，再进行线焊，最后是点焊。在焊接重复件较多的首饰时，先焊的部位要采用老焊（即焊接温度较高）操作，后焊的部件采用快焊、且焊接温度较低的操作。若采用同一种焊药焊接，先焊的部件容易松动、变形甚至脱焊、滑焊现象。

焊接件表面应达到表面平整、光滑、无砂眼、无裂痕、无缺焊、虚焊、多焊、无变形、无毛刺、无油迹等质量要求。焊接过程中零、部件移位变形的补救方法：保护其他的受焊部分，加热移位部分，让其复位。

小摆件可根据图样进行焊接，先确定整体造型，再考虑焊接的前后顺序，每焊好一个层次都要进行检查，若有虚焊、漏焊、脱焊等现象，应及时补焊。确认焊妥后要进行打磨处理。整体完成后要进行全面检查：外观是否端正、尺寸是否符合、有无明显焊迹等。

空心管的自熔要求原材料含金量达到99.5%，焊接时要掌握好火候，焊接的技术要求是拼缝处紧密，采用自发焊。

单粒镶宝戒焊接时应分别选用高温焊和低温焊，即齿口焊接时用高温焊，整体连接时用低温焊。

第一次使用水焊机时要配置电解液，电解液的质量分数为17%。

当焊接需要焊剂时，在两用罐内加硫酸三甲脂可以作防回火罐用。

15. 三酸和王水配制

贵金属首饰加工中，使用最多的酸类有盐酸（HCL）、硫酸（H_2SO_4）、硝酸（HNO_3）等3种，常简称为三酸。三酸主要用于黄金提炼、黄金检测以及金银抛镀等工艺流程。在一般的首饰制作工艺中，通常使用稀硫酸和稀盐酸，主要用于快速清洗焊接表面氧化物及焊缝上的焊剂。

这3种酸都是腐蚀性极强的溶液，容易对人体和设备造成危害，所以使用时要格外小心，严格按照操作规程办事才能确保安全。例如，硫酸溶液的稀释，按照技术要求，应先放水，后放酸，放酸时要慢倒并搅拌。否则可能会溅爆伤人甚至引起火灾等严重后果。

盐酸和硝酸的混合液称为王水，可溶解化学稳定性极强的黄金。王水的配制方法是：1 份硝酸与 3 份盐酸混合，搅拌均匀。

16. 镶嵌

镶嵌是首饰加工中涉及技术范围较广、技术要求较高的一种制作工艺，它对造型、制作、外观、材料等都有相关的质量要求，首饰品位越高，其工艺要求越严格。合适（实用）、稳固、美观是选择钻石镶嵌工艺必须达到的三个要求。

镶嵌的方法和种类较多。从固定珠宝的宝托外形来分，镶嵌的基本种类有齿镶（爪镶）、槽镶、钉镶、包边镶、管镶等；从固定珠宝的工艺手段来分，镶嵌的基本种类有硬镶、群镶、光圈镶、起钉镶等。

（1）群镶。钻石群镶的技艺方法是指多粒小钻石在一定的面积内满镶的镶嵌制作技术方法。

钻石的排列和空间处理。群镶的钻石排列，一般以交叉位紧密排列为宜。尽量采用 0.015 克拉左右的小钻。群镶制作中空间的处理方法：在不能镶钻处，可用套珠方法弥补，即用三角抢錾抢成小圆粒，根据小圆粒大小用阳点錾套住小圆粒，密圆并竖起。

群镶的制作。首先要领会设计图稿要求，根据宝石大小制作主体部位齿口，然后根据群镶部位所需的形状、大小及拱势制作坯子，最后完成制作。具体程序是：定中心孔，打孔，起齿，嵌钻，最后进行空间处理。

群镶制作中起齿的方法：在小钻扩孔部位之间的平面上，先用三角抢錾起齿，将小钻在孔中夹住，然后用抢錾在起好齿的两边批掉没用的残余。

群镶制作中嵌钻的方法：用羊蹄錾在齿周围尽量向两钻中间踏，直至把小钻嵌牢，并用阳点錾把齿密圆。

翻面群镶定中心孔的基本方法：根据宝石的大小在坯子上定好宝石中心点，两中心点之间的距离等于两石直径加 0.2mm 余量。

群镶的质量要求。群镶制作要求嵌钻牢固，齿头圆滑，立体感强。

起钉密镶的技艺要求包括：钉爪大小一致，排列合理，宝石台面与物件平行，宝石之间钉爪布局合理，周边边线清晰。

（2）盘钻镶。盘钻镶是根据主宝石的形状和大小，在其周边排列 0.015 克拉左右的小钻，以提高和衬托主宝石的身价。

盘钻镶的工艺过程是，根据主宝石的齿口制作小钻齿托，在主宝石齿口外排列齿托，焊齿，嵌齿，按顺序把小钻安放在齿口里并镶嵌牢固。

盘钻镶（梯钻）的技艺要求包括：宝石镶石，底托根据宝石形状修整，宝石随造型的变化而选择。

盘钻镶制作的质量要求：盘钻齿口要低于宝石齿口，以小钻面与主宝石齿齐平；小钻排列应均匀、对称，齿头圆滑，镶嵌牢固、平服，立体感强。

（3）包边镶、光圈镶。包边镶是用包边的方法将钻石镶嵌的方法，即用 0.3mm 厚、2.5mm 宽的扁丝做包边齿口的外圈，用 0.5mm 厚、1.5mm 宽的扁丝做内圈，内外圈焊接后，用钻头在内圈扩孔，外圈向外倒角，最后用踏錾包边。

光圈镶与包边镶的前期制作基本相同，只是材料略有差异。用于光圈镶外圈、内圈的扁丝的规格分别约为：0.5mm 厚、2mm 宽；0.5mm 厚、1.5mm 宽。焊接后内圈扩孔并使内圈倒角与钻石底部相同，以使钻石安放妥贴，最后用批抢錾和刮刀将踏边批向里倾斜的面而形成光圈。

（4）独粒大钻的精镶。独粒大钻精镶的常用工具有三角抢錾、批抢錾、踏錾、阳点錾、扇形铣刀等。

独粒大钻精镶制作中，一般先测量钻石的直径和高低，根据钻石尺寸和图样要术确定用料规格。一般先在中心处打小孔，用铣刀扩孔、上胶，起齿，放好钻石后用踏錾把钻石嵌牢。

独立大钻精镶的质量要求较高：第一，嵌钻的齿要大小适宜、齿端圆滑、立体感强；第二，钻石底托的大小要注意恰当、使钻石安放平服；第三，边线斜面平整、光洁。

独粒大钻的包边镶嵌要求：宝石台面平行于物件，包边部分整齐平整。

（5）包角镶。包角镶一般适用于矩形宝石、水滴形宝石、心形宝石、三角形宝石、马眼形宝石等的制作。

包角镶的质量要求是：俯视时，只见钻石不见齿托；钻石安放平服，包角宜小不宜大、光滑不扎手。

包角镶的技艺要求包括：根据宝石角度开沟，要求边线整齐平整。

（6）槽镶。多粒钻槽镶的技艺要求包括：宝石端正，宝石排列高低一致，多粒宝石台面高低随物件的变化而变化。

双曲面槽镶的技艺要求包括：宝石端正，宝石排列高低一致，随曲线走势而变化。

第四章　理论知识试题精选

一、单项选择

1. 在市场经济条件下，职业道德具有（　　）的社会功能。

A. 鼓励人们自由选择职业

B. 遏制牟利最大化

C. 促进人们的行为规范化

D. 最大限度地克服人们受利益驱动

2. 为了促进企业的规范化发展，需要发挥企业文化的(　　)功能。

A. 娱乐

B. 主导

C. 决策

D. 自律

3. 职工对企业诚实守信应该做到的是(　　)。

A. 忠诚所属企业，无论何种情况都始终把企业利益放在第一位

B. 维护企业信誉，树立质量意识和服务意识

C. 扩大企业影响，多对外谈论企业之事

D. 完成本职工作即可，谋划企业发展由有见识的人来做

4. 下列事项中属于办事公道的是(　　)。

A. 顾全大局，一切听从上级

B. 大公无私，拒绝亲戚求助

C. 知人善任，努力培养知己

D. 坚持原则，不计个人得失

5. 下列关于勤劳节俭的论述中，正确的选项是(　　)。

A. 勤劳一定能使人致富

B. 勤劳节俭有利于企业持续发展

C. 新时代需要巧干，不需要勤劳

D. 新时代需要创造，不需要节俭

6. 在欧洲，享有“首饰王国”美誉的国家是(　　)。

A. 德国

B. 法国

C. 意大利

D. 瑞士

7. 在我国，金首饰最早出现的年代为(　　)。

A. 秦代末期

B. 西周

C. 商代

D. 东汉末期

8. 黄金在20℃时，密度为(　　)。

A. 10.67 kg/cm^2

B. 25.04 kg/cm^2

C. 7.37 g/cm^3

D. 19.32 g/cm^3

9. 在我国民间，常从色泽上判断黄金的成色，很早就有“七成者(　　)、八成者黄、九成者紫、十成者赤”的说法。

A. 黑

B. 绿

C. 白

D. 青

10. 多年来，在我国民间习惯用“两”来作为黄金的计量单位，通常(　　)两等于 31.25 克。

A. 一

B. 二

C. 三

D. 四

11. 铂金通常缩写为(　　)。

A. Dt

B. Ft

C. Mt

D. Pt

12. (　　)的熔点为 1773.5℃。

A. 绿松石

B. 青金石

C. 尖晶石

D. 铂金

13. (　　)的密度为 10.5g/cm^3。

A. 绿松石

B. 铂金

C. 尖晶石

D. 白银

14. (　　)的硬度为 2.5。

A. 绿松石

B. 铂金

C. 尖晶石

D. 白银

15. 水焊机适用于(　　)的精密、高品质焊接。

A. 铂金、黄金

B. 珊瑚

C. 玻璃

D. 砾石

16. 钻石的主要化学成分是(　　)。

A. 硝

B. 铍

C. 锂

D. 碳

17. Ia 型金刚石的含(　　)量为 0.1%—0.3%。

A. 硝

B. 碳

C. 锂

D. 氮

18. 宝石必须具备的条件是美观、(　　)。

A. 透明无暇、硬度大

B. 颗粒大、易琢磨

C. 耐久、稀少

D. 可变色

19. 金刚石的折光率为(　　)。

A. 32.7

B. 1.37

C. 0.277

D. 2.417

20. (　　)为0.044。

A. 水晶的透明度

B. 砾石的透明度

C. 明矾的色散度

D. 金刚石的色散度

21. 金刚石的硬度为(　　)。

A. 32.7

B. 1.37

C. 0.277

D. 10

22. (　　)的密度为3.52g/cm^3。

A. 锆石

B. 砾石

C. 紫金

D. 金刚石

23. 钻石经常使用的重量单位包括(　　)。

A. 钱和夸脱

B. 品脱

C. 克拉

D. 两和分

24. 若标准型圆钻石的腰围直径为1.3mm，则其(　　)ct。

A. 延展率为0.1

B. 延展率为0.01

C. 重量为0.1

D. 重量为0.01

25. 若标准型圆钻石的腰围直径为2.0mm，则其(　　)ct。

A. 延展率为 0.3

B. 延展率为 0.03

C. 重量为 0.3

D. 重量为 0.03

26. 若标准型圆钻石的腰围直径为 2.4mm，则其（　　）ct。

A. 延展率为 0.5

B. 延展率为 0.05

C. 重量为 0.5

D. 重量为 0.05

27. 若标准型圆钻石的腰围直径为 2.7mm，则其（　　）ct。

A. 延展率为 0.7

B. 延展率为 0.07

C. 重量为 0.7

D. 重量为 0.07

28. 若标准型圆钻石的腰围直径为（　　），则其重量为 0.09ct。

A. 1.07mm

B. 2.9mm

C. 3.7cm

D. 0.17cm

29. 若标准型圆钻石的腰围直径为 3.0mm，则其（　　）ct。

A. 延展率为 0.9

B. 延展率为 0.1

C. 重量为 0.9

D. 重量为 0.1

30. 若标准型圆钻石的腰围直径为 3.5mm，则其（　　）ct。

A. 延展率为 0.016

B. 延展率为 0.16

C. 重量为 0.016

D. 重量为 0.16

31. 若标准型圆钻石的腰围直径为 4.0mm，则其(　　)ct。

A. 延展率为 0.23

B. 延展率为 0.023

C. 重量为 0.023

D. 重量为 0.23

32. 若标准型圆钻石的腰围直径为 5.15mm，则其(　　)ct。

A. 延展率为 0.05

B. 延展率为 0.5

C. 重量为 0.05

D. 重量为 0.5

33. 若标准型圆钻石的腰围直径为 5.9mm，则其(　　)ct。

A. 延展率为 0.075

B. 延展率为 0.75

C. 重量为 0.075

D. 重量为 0.75

34. 若标准型圆钻石的腰围直径为(　　)mm，则其重量为 1.00ct。

A. 8.3

B. 7.7

C. 7.1

D. 6.5

35. 若标准型圆钻石的腰围直径为 7mm，则其(　　)ct。

A. 延展率为 1.05

B. 延展率为 1.25

C. 重量为 1.05

D. 重量为 1.25

36. 若标准型圆钻石的腰围直径为 8.8mm，则其(　　)ct。

A. 延展率为 1.80

B. 延展率为 2.50

C. 重量为 1.80

D. 重量为 2.50

37. 若标准型圆钻石的腰围直径为 9.85mm，则其(　　)ct。

A. 延展率为 2.90

B. 延展率为 3.50

C. 重量为 2.90

D. 重量为 3.50

38. 若标准型圆钻石的腰围直径为 11.1mm，则其(　　)ct。

A. 延展率为 4.00

B. 延展率为 5.00

C. 重量为 4.00

D. 重量为 5.00

39. 若有一梨形钻石，长为 7.22mm，宽为 3.9mm，深为(　　)，则其重量为 0.7039ct。

A. 6.89mm

B. 1.2dm

C. 1.9cm

D. 2.5mm

40. 我国通常用数字表示钻石颜色的等级，100 色可以与美国宝石研究所（GIA）钻石颜色分类法中的（　　）组相类比，属于无色—白色类。

A. T、U

B. W

C. Z

D. D

41. 我国通常用数字表示钻石颜色的等级，99 色可以与美国宝石研究所（GIA）钻石颜色分类法中的（　　）组相类比，属于无色—白色类。

A. C、U

B. W、B

C. Z

D. E

42. 我国通常用数字表示钻石颜色的等级，（　　）色可以与美国宝石研究所（GIA）钻石颜色分类法中的 F 组相类比，属于无色—白色类。

A. 128

B. 118

C. 108

D. 98

43. 我国通常用数字表示钻石颜色的等级，（　　）色可以与美国宝石研究所（GIA）钻石颜色分类法中的 G 组相类比，属于无色—白色类。

A. 127

B. 117

C. 107

D. 97

44. 我国通常用数字表示钻石颜色的等级，（　　）色可以与美国宝石研究所（GIA）钻石颜色分类法中的 H 组相类比，属于无色—白色类。

A. 126

B. 116

C. 106

D. 96

45. 我国通常用数字表示钻石颜色的等级，（　　）色可以与美国宝石研究所（GIA）钻石颜色分类法中的 I 组相类比，属于微黄白类。

A. 85

B. 95

C. 105

D. 115

46. 我国通常用数字表示钻石颜色的等级，94 色可以与美国宝石研究所（GIA）钻石颜色分类法中的（　　）相类比，属于微黄白类。

A. S、V 组

B. W、Z 组

C. Z 组

D. J 组

47. 我国通常用数字表示钻石颜色的等级，92 色可以与美国宝石研究所（GIA）钻石颜色分类法中的（　　）相类比，属于微黄白类。

A. S、U 组

B. W组

C. Z组

D. L组

48. 我国通常用数字表示钻石颜色的等级，91色可以与美国宝石研究所（GIA）钻石颜色分类法中的(　　)相类比，属于黄色类。

A. T、U组

B. W、S组

C. Z组

D. M组

49. 我国通常用数字表示钻石颜色的等级，90色可以与美国宝石研究所（GIA）钻石颜色分类法中的(　　)相类比，属于黄色类。

A. T、U组

B. W组

C. Y、Z组

D. N组

50. 我国通常用数字表示钻石颜色的等级，89色可以与美国宝石研究所（GIA）钻石颜色分类法中的(　　)相类比，属于黄色类。

A. X、U组

B. W组

C. S、Z组

D. O组

51. 我国通常用数字表示钻石颜色的等级，88色可以与美国宝石研究所（GIA）钻石颜色分类法中的(　　)相类比，属于黄色类。

A. T、S组

B. W组

C. Z组

D. P组

52. 我国通常用数字表示钻石颜色的等级，87色可以与美国宝石研究所（GIA）钻石颜色分类法中的(　　)相类比，属于黄色类。

A. T、U组

B. W组

C. Z组

D. Q组

53. 我国通常用数字表示钻石颜色的等级，86色可以与美国宝石研究所（GIA）钻石颜色分类法中的(　　)相类比，属于黄色类。

A. T、U组

B. W组

C. Z组

D. R组

54. (　　)不属于美国宝石研究所（GIA）的钻石净度等级。

A. FL、IF

B. VVS_1

C. VVS_2

D. NU_1、ML_2

55. 根据国际钻石委员会（IDC）的钻石切工分级标准，优等级钻石的(　　)应为31°—37°。

A. 底尖夹角

B. 腰线夹角

C. 底部角

D. 冠部角

56. 根据国际钻石委员会（IDC）的钻石切工分级标准，优等级钻石的（　　）应为40°—42°。

A. 底尖夹角

B. 腰线夹角

C. 底部角

D. 亭部角

57. 红、蓝宝石的主要化学成分是（　　）。

A. 氢化硼

B. 铍

C. 二氧化二锂

D. 三氧化二铝

58. 红、蓝宝石的折光率为（　　）—1.770。

A. 0.977

B. 1.372

C. 0.770

D. 1.762

59. 红、蓝宝石的双折射率为0.008—（　　）。

A. 0.060

B. 0.040

C. 0.020

D. 0.010

60. 红、蓝宝石的色散度为（　　）。

A. 0.569

B. 1.207

C. 0.277

D. 0.018

61. 红、蓝宝石的(　　)为 9。

A. 韧度

B. 硬度

C. 延展率

D. 光洁度

62. 根据 GB 11887—2002 的规定，9K 金的(　　)最小值为 375。

A. 含铂百分数

B. 重量百分数

C. 光洁度千分数

D. 纯度千分数

63. 根据 GB 11887—2002 的规定，14K 金的(　　)最小值为 585。

A. 含铂百分数

B. 重量百分数

C. 光洁度千分数

D. 纯度千分数

64. 根据首饰贵金属纯度的规定及命名方法（GB 11887—2002），18K 金的纯度千分数(　　)值为 750。

A. 最小

B. 最大

C. 算术平均

D. 几何平均

65. 根据 GB 11887—2002 的规定，足金的(　　)最小值为 990。

A. 含铂百分数

B. 重量百分数

C. 光洁度千分数

D. 纯度千分数

66. 根据 GB 11887—2002 的规定，千足金的(　　)最小值为 999。

A. 含铂百分数

B. 重量百分数

C. 光洁度千分数

D. 纯度千分数

67. 双线錾主要用于走弧平行线条纹样，(　　)。

A. 断线材

B. 以及走交义线条纹样

C. 以及走直平行线条纹样

D. 不适用走直平行线条纹样

68. 长方形条钢螺旋夹属于(　　)夹具，起夹紧作用。

A. 机械传动

B. 非手用

C. 手用通用

D. 非通用

69. 鳞片錾不宜过于尖利，而应呈一定的(　　)，通常以 2/5圆弧为宜。

A. 锐角

B. 钝角

C. 长方形

D. 正方形

70. 常用的划针是用（　　）的不锈钢或弹簧钢制成的。

A. Φ1.2mm—Φ8.4mm

B. Φ10.5mm—Φ13.8mm

C. Φ4mm—Φ11mm

D. Φ3mm—Φ4mm

71. 常用划针尖端磨成的形状为（　　）—20°的锐角。

A. 2°

B. 5°

C. 8°

D. 15°

72. 制作样冲的材料一般选用长度约（　　）—120mm，直径Φ8mm—Φ12mm的弹簧钢或工具钢。

A. 50mm

B. 60mm

C. 70mm

D. 80mm

73. 样冲尖端磨成的形状是（　　）—60°的圆锥形。

A. 20°

B. 6°

C. 18°

D. 45°

74. 在制作镶嵌圆形钻石的首饰样板时，通常先考虑选用（　　）。

A. 台剪或方剪

B. 螺旋钻

C. 球形铣刀

D. 塔钻

75. 采用迫镶工艺镶嵌宝石时，宝石边厚 0.6mm，适宜选用(　　)。

A. 台剪或方剪

B. 螺旋钻

C. 飞轮钻

D. 塔钻

76. 正羽是(　　)。

A. 密生在纤羽周围的羽毛

B. 密生在绒羽中间的羽毛

C. 生于全身的羽区

D. 一种纤羽

77. 鹤的嘴角在(　　)。

A. 耳的右侧

B. 眼的后面

C. 眼的前面

D. 耳的左侧

78. 飞禽趾骨的节数通常为后趾(　　)节，内趾三节，中趾四节，外趾五节。

A. 四

B. 一

C. 两

D. 五

79. 在奖杯的图纸展开放样方法中，应先(　　)。

A. 确定材料规格，再确定展开放样的宽度

B. 确定放样尺寸及材料宽度，再确定材料长度

C. 确定放样内容，再确定放样尺寸

D. 确定放样尺寸及材料长度，再确定材料宽度

80. 在花瓶的图纸展开放样方法中，应先(　　)。

A. 确定材料规格，再确定展开放样的宽度

B. 确定放样尺寸及材料宽度，再确定材料长度

C. 确定放样内容，再确定放样尺寸

D. 确定放样尺寸及材料长度，再确定材料宽度

81. 啄木鸟的趾型为(　　)。

A. 横趾型或凹趾型

B. 单趾型或凹趾型

C. 对趾型

D. 纵趾型

82. 雨燕的趾型为(　　)。

A. 单趾型

B. 前趾型

C. 凹趾型

D. 凸趾型

83. 翠鸟的趾型为(　　)。

A. 单趾型

B. 并趾型

C. 凹趾型

D. 凸趾型

84. 潜鸟的蹼型为(　　)。

A. 瓣蹼足或凹蹼足

B. 蹼足

C. 凹蹼足

D. 凸蹼足

85. 燕鸥的蹼型为(　　)。

A. 凹蹼足

B. 瓣蹼足

C. 凸蹼足

D. 圆形蹼足

86. 鸬鹚的蹼型为(　　)。

A. 横蹼足或斜蹼足

B. 瓣蹼足或三角蹼足

C. 全蹼足

D. 纵蹼足

87. 鹬的蹼型为(　　)。

A. 瓣蹼足或凹蹼足

B. 半蹼足

C. 蹼足

D. 凸蹼足或三角蹼足

88. 人体的重心是在脐孔与(　　)之间。

A. 鼻子

B. 眼睛

C. 额头

D. 骶骨

89. 完全花（两性花）不具备的结构是(　　)。

A. 花萼

B. 花冠

C. 雄蕊、雌蕊

D. 花粉

90. 在不完全花（单性花）的结构中，（　　）。

A. 没有花序

B. 没有花冠

C. 一定没有雌蕊

D. 只有雄蕊或雌蕊

91. 下列关于飞禽基本结构的表述错误的是(　　)。

A. 体制左右对称

B. 包括头、颈等部分

C. 包括颈、躯干等部分

D. 体制不对称

92. 花草植物的组成部分不含(　　)。

A. 根、茎（枝梗）

B. 果

C. 叶

D. 花粉

93. 茎的生长状态不包括(　　)。

A. 直立

B. 缠绕

C. 攀缘

D. 发散

94. 在茎的基本组成部分中，不包括(　　)。

A. 节间

B. 节、芽

C. 分枝

D. 花蕊、花粉

95. 叶的基本组成部分不包括(　　)。

A. 叶片

B. 叶柄

C. 叶托

D. 叶汁

96. 花托、(　　)组成为花蒂。

A. 花萼

B. 花冠

C. 花序

D. 花盘

97. 花按构造不同可分为(　　)，两性花和单性花。

A. 花轴花和分枝花

B. 有果花和无果花

C. 雄蕊花和雌蕊花

D. 完全花和不完全花

98. 抬压类圆雕式摆件在放样过程中，当从平面变成立体时，(　　)。

A. 材料无变形

B. 材料无变形，占有平面材料面积小

C. 材料变形小，占有平面材料面积小

D. 材料变形大，占有平面材料面积大

99. 抬压类浮雕式摆件在放样过程中，当从平面变成半立体时，(　　)。

A. 材料无变形

B. 材料无变形，占有平面材料面积大

C. 材料变形大，占有平面材料面积大

D. 材料变形小，占有平面材料面积小

100. 在确定摆件产品的放样尺寸时，(　　)。

A. 可以任凭想像进行推算

B. 不可按图稿上的标注计算

C. 可以根据经验估算

D. 只能按图稿上的标注计算

101. 摆件产品的放样计算步骤通常是先(　　)，最后确定放样尺寸。

A. 确定放样内容和材料

B. 理解图稿，搞清结构

C. 确定放样内容，再根据图稿确定放样材料

D. 确定放样材料，再根据图稿确定放样方法

102. 摆件产品的放样步骤通常是(　　)。

A. 先选料，再将放样的内容做成拓片

B. 先进行选料拼板操作，再做划子

C. 先将放样的内容做成拓片，再进行选料拼板操作

D. 先将放样的内容做成划子，再进行选料拼板操作

103. 当确定了摆件产品(　　)后，就可以着手进行实际放样了。

A. 放样的材料质地和放样的规格

B. 放样的内容和放样尺寸

C. 选料拼板的尺寸

D. 平面样板的规格

104. 摆件放样的选料有两重含义，其一是指(　　)。

A. 对所用材料的产地进行选择

B. 对所用材料的质量进行选择

C. 比照上一批次产品的统一规格来选择相应的材料

D. 对所用材料的价格、档次进行选择

105. 摆件放样的拼板是指把展开图、(　　)等内容排入材料内。

A. 划子

B. 拓片

C. 印膜

D. 塑板

106. 进行摆件放样拼板时，(　　)。

A. 不同大小、不同形状的材料要尽量套裁

B. 同样大小、形状的材料不得套裁

C. 要尽量用足材料面积

D. 在不同的材料之间要留有 1—2cm 的间隙

107. 对于一些(　　)放样内容，可以不必制作划子，而是直接画在材料上。

A. 正方体、圆柱体

B. 圆柱体、长方体

C. 复杂的多边形

D. 简单的正方形、圆形

108. 在对需要钣金的花瓶类摆件进行放样计算时，要充分考虑到(　　)。

A. 加工温度对材料表面的影响

B. 冲压过程中对材料硬度的影响

C. 钣金过程中对材料变形的影响

D. 材料表面在打磨工序上的消耗

109. 在对不需要钣金的花瓶类摆件进行放样计算时，(　　)。

A. 只要按设计图稿要求的尺寸进行即可

B. 只要再比设计图稿要求的尺寸多留 10%的余量即可

C. 至少应留有 15%的余量

D. 至少应留有 20%的余量

110. 若将首饰三视图从数量上进行分解，可分为(　　)。

A. 平面视图和立体视图

B. 二视图和三视图

C. 三角视图和四角视图

D. 单层视图和双层视图

111. 若将首饰三视图从形式上进行分解，可分为(　　)。

A. 侧视图和仰视图

B. 平面视图和立体视图

C. 方形视图和圆形视图

D. 黑白视图和彩色视图

112. 对于有些在复杂首饰产品设计图稿中描述不详的细节，在放样过程中，(　　)。

A. 应忽略

B. 应重新更新图稿，并制作拓片

C. 可以凭自己的想像任意发挥

D. 可以根据自己的理解及图稿的设计风格来确定

113. 通常从戒指的透视立体左视图上看不到(　　)。

A. 副宝石的大致形状

B. 副宝石的数量

C. 主宝石的大小

D. 主宝石的颜色

114. 为了能够将复杂首饰产品的结构清楚地表达出来，除了需要绘制（　　）以外，还应绘制俯视图、透视立体左视图等。

A. 仰视图

B. 剖面图

C. 截面图

D. 正视图

115. 在某款胸针饰品的设计图稿上有一些长短和大小不一的卷草纹形状的装饰边，在对这种形状进行放样时，可以用较软的金属按图稿要求的外形及走势来卷曲，待形状确定无误后，（　　）。

A. 再转成剖面图，制成模型片

B. 再转成截面图，制成塑板

C. 再转成立体图，制成拓片

D. 再转成平面图，制成母样板

116. 进行钣金时，用于一般整平锤击的工具是首饰小锤子、（　　）。

A. 塑料锤、锌锤

B. 凸墩

C. 马掌锤

D. 喷灯

117. 供最终精加工打制时用的工具是（　　）。

A. 四角砧

B. 凸砧

C. 球形模铁砧

D. 孔砧

118. 供钣制球形形制时用的铁砧是(　　)。

A. 四角砧

B. 凸砧

C. 木制凹模铁砧

D. 木制凸模铁砧

119. 在一般的首饰制作工艺中，经过稀释后的(　　)主要用于清洗焊缝上的硼砂黏渍。

A. 乙烷

B. 甲烷

C. 硫酸溶液

D. 磷酸溶液

120. (　　)是指焊枪嘴喷出的火焰凶猛激烈，常伴随着刺耳的尖叫声。

A. 追火

B. 撤火

C. 聚火

D. 退火

121. (　　)是指焊枪嘴喷出的火焰充足而疾速，焊枪嘴出火的声音一般比较嘈杂。

A. 聚火

B. 撤火

C. 粗火

D. 退火

122. (　　)是指焊枪嘴喷出的火焰较软且疾速，枪口出火时常有“吱嘘”的声音。

A. 退火

B. 逆火

C. 平火

D. 细火

123.（　　）是指焊枪一经点燃，在没有任何助燃的情况下，使焊枪嘴喷出最大的火焰。

A. 细火

B. 撤火

C. 散火

D. 退火

124. 为了使线条走得更挺直，在使用（　　）錾刻直线时，一般吃刀线占 2/3。

A. 圆錾

B. 三角錾

C. 杀錾

D. 方錾

125. 批抢錾的刀角度（　　）。

A. 大于 115°

B. 等于 95°

C. 不大于 70°

D. 等于 110°

126. 錾刻崇山峻岭时，通常是用（　　）的刀刃刻线的宽窄表现山势之嶙峋。

A. 三棱铲

B. 印记錾

C. 批抢錾

D. 扁铲

127. 錾刻浪花波纹时，(　　)的刀角朝外较为理想。

A. 三棱铲

B. 印记錾

C. 批抢錾

D. 扁铲

128. 在进行人物立体摆件制作过程中，凹模翻制使用的是(　　)。

A. 石棉

B. 塑料、石膏

C. 水泥

D. 铁锌合金

129. 压人物眼眶时，可用(　　)进行分割。

A. 三棱铲

B. 印记錾

C. 斜口豆錾

D. 扁铲

130. 錾刻人物立体摆件时，在唇沟部位通常先用(　　)做粗略的分割击压。

A. 平角刀

B. 台剪

C. 扁口豆錾

D. 方刀

131. 錾刻人物立体摆件时，嘴唇线常用(　　)进行分割。

A. 三棱铲

B. 印记錾

C. 斜口豆錾

D. 阳点錾

132. 錾刻人物立体摆件时，上唇线常用(　　)缓缓地压出。

A. 三棱铲

B. 印记錾

C. 钝圆豆錾

D. 扁铲

133. 錾刻人物立体摆件时，下唇线常用钝圆豆錾(　　)。

A. 迅速地压出

B. 迅速地拉出

C. 缓缓地压出

D. 缓缓地拉出

134. 錾刻马鬃时，常用(　　)拉出。

A. 三棱錾

B. 印记錾

C. 棕丝錾

D. 阳点錾

135. 群镶一般应用于首饰的陪衬部位，应尽量采用(　　)ct左右的小钻紧密排列。

A. 0.15

B. 0.27

C. 0.3

D. 0.015

136. 在群镶的制作过程中，应根据小钻大小在群镶坯子上定好小钻中心点，两中心点之间的距离等于小钻直径加(　　)

mm 余量。

A. 0.6

B. 2.6

C. 0.2

D. 2.2

137. 在群镶的制作过程中，通常先用(　　)起齿，将小钻在孔中夹住。

A. 棕丝錾

B. 印记錾

C. 三角錾

D. 扁铲

138. 在群镶的制作过程中，扩孔深度要比小钻背面高度略深(　　)。

A. 1.5dm

B. 1.5mm

C. 0.2cm

D. 0.2mm

139. 在群镶的制作过程中，套珠时(　　)。

A. 不得使齿圆珠竖起

B. 尽量使齿圆珠平放

C. 尽量使齿圆珠竖起

D. 不得出现圆珠

140. 在群镶的制作过程中，嵌钻时通常用(　　)。

A. 扁铲把边压平

B. 方刀把边錾断

C. 阳点錾把齿密圆

D. 散錾把齿密圆

141. 在群镶的制作过程中，一般采用(　　)。

A. 四齿镶两钻

B. 一齿镶四钻

C. 一齿嵌两钻

D. 五齿嵌一钻

142. 在群镶的制作过程中，在不能镶嵌的地方通常用(　　)。

A. 三棱批錾加工成小方粒

B. 印记錾加工成粗条

C. 三角抢錾加工成小圆粒

D. 棕丝錾加工成细条

143. 在群镶的制作过程中，扩孔时要注意孔与孔之间的最佳距离应以(　　)为好。

A. 1.1cm

B. 重合

C. 相切

D. 垂直或相交

144. 在盘钻镶的制作过程中，嵌齿时通常用(　　)一一将小钻牙齿密圆。

A. 三棱锉

B. 台剪、圆錾

C. 套珠

D. 棕丝錾

145. 在一定的面积内镶满小钻的制作技术叫(　　)。

A. 爪镶

B. 包边镶

C. 硬镶

D. 群镶

146. 槽镶制作方法有两种，其中一种是：先在两边槽镶部位加工出两条镶钻的槽，然后将一边用钳子向外扳开，把钻石放进后，再用(　　)使其返回原状，将钻石镶嵌牢固。

A. 三棱刀、套珠

B. 套珠、圆錾

C. 踏錾

D. 棕丝錾

147. 在包边镶的制作过程中，通常用(　　)宽的扁丝做包边齿口的内圈。

A. 0.6cm 厚、2.6cm

B. 1.3cm 厚、2.3cm

C. 0.5mm 厚、1.5mm

D. 0.2dm 厚、0.7dm

148. 在包边镶的制作方法中，镶钻时通常用(　　)包边。

A. 三棱刀、套珠

B. 套珠、圆錾

C. 踏錾

D. 棕丝錾

149. 光圈镶外圈需用 0.5mm 厚、(　　)mm 宽的扁丝。

A. 4

B. 3

C. 2

D. 1

150. 光圈镶内圈需用(　　)宽的扁丝。

A. 0.7dm 厚、1.4dm

B. 1.8mm 厚、3.6mm

C. 0.5mm 厚、1.5mm

D. 0.5cm 厚、1.5cm

151. 在光圈镶的制作过程中，通常用(　　)将外圈的钻石迫镶。

A. 平角刀、套珠

B. 踏錾

C. 散錾

D. 豆錾、棕丝錾

152. 在光圈镶的制作过程中，在迫镶之后通常用(　　)将踏边加工成向里倾斜的面，形成光圈。

A. 三棱刀和套珠

B. 套珠和圆錾

C. 批抢錾和刮刀

D. 棕丝錾

153. 在独粒大钻精镶的制作过程中，通常用(　　)起齿，使钻石在孔中被夹住。

A. 三棱錾

B. 印记錾

C. 三角抢錾

D. 扁铲

154. 在独粒大钻精镶的制作过程中，通常用(　　)在起好齿的两边加工出独立的齿。

A. 三棱錾

B. 印记錾

C. 批抢錾

D. 扁铲、棕丝錾

155. 在独粒大钻精镶的制作过程中，起完边线后通常用(　　)把齿密圆。

A. 三棱錾、批抢錾

B. 印记錾、批抢錾

C. 阳点錾

D. 扁铲、棕丝錾

156. 在独粒大钻精镶的制作过程中应注意：最好使用起齿工具在距离钻边(　　)左右外起齿。

A. 2.4dm

B. 1.8cm

C. 1.2mm

D. 0.6cm

157. 在独粒大钻精镶的制作过程中应注意：当齿起到距离钻石约(　　)mm 左右时，应将起齿工具的角度放大到 75°—90°。

A. 1.3—1.5

B. 1.0—1.2

C. 0.8—1.0

D. 0.5—0.6

158. 包角镶一般不用于(　　)钻石的制作。

A. 心形和方形

B. 异形

C. 圆形

D. 马眼形

159. 在包角镶的制作过程中，为便于嵌钻，在包角中间折缝处用(　　)加工出豁口。

A. 三棱錾

B. 刮刀

C. 三角锉刀

D. 三角錾

160. 在包角镶的制作过程中，通常用(　　)将包角两边向钻石面追嵌，直至包牢为止。

A. 三棱刀

B. 套珠、圆錾

C. 钳子

D. 棕丝錾

二、判断题

161. (　　)在市场经济条件下，克服利益导向是职业道德社会功能的表现。

162. (　　)向企业员工灌输的职业道德太多了，容易使员工产生谨小慎微的观念。

163. (　　)事业成功的人往往具有较高的职业道德。

164. (　　)职业道德活动中做到表情冷漠、严肃待客是符合职业道德规范要求的。

165. (　　)市场经济条件下，应该树立多转行多学知识多长本领的择业观念。

166. (　　)铂金的硬度为 2.3。

167. (　　)当焊接不需要焊剂时，在水焊机的两用罐内加硼酸三甲脂可以作防回火罐用。

168.（　　）水焊机主要是以氧化钙水溶液为电解液。

169.（　　）第一次使用水焊机时要配置电解液，电解液的质量分数为1.7%。

170.（　　）钻石的4C标准是指颜色、体积、重量、面积。

171.（　　）我国通常用数字表示钻石颜色的等级，93色可以与美国宝石研究所（GIA）钻石颜色分类法中的Z组相类比，属于微黄白类。

172.（　　）根据首饰贵金属纯度的规定及命名方法（GB 11887—2002），22K金的纯度千分数最小值为607。

173.（　　）根据贵金属饰品术语（QB/T 1689—1993）的规定，足银是指含银量千分数不小于490的银。

174.（　　）根据贵金属饰品术语（QB/T 1689—1993）的规定，足铂是指含铂量千分数不小于709的铂。

175.（　　）常用划线的工具不包括划针。

176.（　　）放样是指统一按照10∶1的比例在放样台上画出构件的轮廓，准确地定出其尺寸。

177.（　　）制作小型工夹具的材料通常选用硬塑。

178.（　　）采用钉镶工艺镶嵌宝石时，用来修整镶钉形状的工具是方剪。

179.（　　）修整饰物内孔（包括方孔、椭圆孔、不规则形状孔），适宜选用飞碟钻。

180.（　　）采用钉镶工艺镶嵌圆形宝石，以及修整圆形镶口内孔时，适宜选用薄飞碟钻。

理论知识试题精选答案

一、单项选择

1.C　2.D　3.B　4.D　5.B　6.C　7.C　8.D　9.D
10.A　11.D　12.D　13.D　14.D　15.A　16.D　17.D　18.C
19.D　20.D　21.D　22.D　23.C　24.D　25.D　26.D　27.D
28.B　29.D　30.D　31.D　32.D　33.D　34.D　35.D　36.D
37.D　38.D　39.D　40.D　41.D　42.D　43.D　44.D　45.B
46.D　47.D　48.D　49.D　50.D　51.D　52.D　53.D　54.D
55.D　56.D　57.D　58.D　59.D　60.D　61.B　62.D　63.D
64.A　65.D　66.D　67.C　68.C　69.B　70.D　71.D　72.D
73.D　74.C　75.C　76.C　77.C　78.C　79.C　80.C　81.C
82.B　83.B　84.B　85.A　86.C　87.B　88.D　89.D　90.D
91.D　92.D　93.D　94.D　95.D　96.A　97.D　98.D　99.D
100.C　101.B　102.D　103.B　104.B　105.A　106.C
107.D　108.C　109.A　110.B　111.B　112.D　113.D
114.D　115.D　116.C　117.C　118.C　119.C　120.C
121.C　122.D　123.C　124.C　125.C　126.C　127.C
128.C　129.C　130.C　131.C　132.C　133.C　134.C
135.D　136.C　137.C　138.D　139.C　140.C　141.C
142.C　143.C　144.C　145.D　146.C　147.C　148.C
149.C　150.C　151.B　152.C　153.C　154.C　155.C
156.C　157.D　158.C　159.C　160.C

二、判断题

161. × 162. × 163. √ 164. × 165. × 166. × 167. ×
168. × 169. × 170. × 171. × 172. × 173. × 174. ×
175. × 176. × 177. × 178. × 179. × 180. ×

单位名称 | 姓 名 | 准考证号 | 地 区

考生答题不准超过此线

第五章 理论知识试卷样例

职业技能鉴定国家题库
贵金属首饰手工制作工（高级）
理论知识试卷

注 意 事 项

1. 考试时间：120 分钟。

2. 请首先按要求在试卷的标封处填写您的姓名、准考证号和所在单位的名称。

3. 请仔细阅读各种题目的回答要求，在规定的位置填写您的答案。

4. 不要在试卷上乱写乱画，不要在标封区填写无关的内容。

	一	二	总 分
得 分			

得 分	
评分人	

一、单项选择（第 1 题～第 160 题。选择一个正确的答案，将相应的字母填入题内的括号中。每题 0.5 分，满分 80 分。）

1. 在市场经济条件下，职业道德具有（　　）的社会功能。

A. 鼓励人们自由选择职业

B. 遏制牟利最大化

C. 促进人们的行为规范化

D. 最大限度地克服人们受利益驱动

2. 在企业的经营活动中，下列选项中的(　　)不是职业道德功能的表现。

A. 激励作用

B. 决策能力

C. 规范行为

D. 遵纪守法

3. 为了促进企业的规范化发展，需要发挥企业文化的(　　)功能。

A. 娱乐

B. 主导

C. 决策

D. 自律

4. 职业道德通过(　　)，起着增强企业凝聚力的作用。

A. 协调员工之间的关系

B. 增加职工福利

C. 为员工创造发展空间

D. 调节企业与社会的关系

5. 正确阐述职业道德与人的事业的关系的选项是(　　)。

A. 没有职业道德的人不会获得成功

B. 要取得事业的成功，前提条件是要有职业道德

C. 事业成功的人往往并不需要较高的职业道德

D. 职业道德是人获得事业成功的重要条件

6. 在商业活动中，不符合待人热情要求的是(　　)。

A. 严肃待客，表情冷漠

B. 主动服务，细致周到

C. 微笑大方，不厌其烦

D. 亲切友好，宾至如归

7. 对待职业和岗位，(　　)并不是爱岗敬业所要求的。

A. 树立职业理想

B. 干一行爱一行专一行

C. 遵守企业的规章制度

D. 一职定终身，不改行

8. 职工对企业诚实守信应该做到的是(　　)。

A. 忠诚所属企业，无论何种情况都始终把企业利益放在第一位

B. 维护企业信誉，树立质量意识和服务意识

C. 扩大企业影响，多对外谈论企业之事

D. 完成本职工作即可，谋划企业发展由有见识的人来做

9. 下列事项中属于办事公道的是(　　)。

A. 顾全大局，一切听从上级

B. 大公无私，拒绝亲戚求助

C. 知人善任，努力培养知己

D. 坚持原则，不计个人得失

10. 下列关于勤劳节俭的论述中，正确的选项是(　　)。

A. 勤劳一定能使人致富

B. 勤劳节俭有利于企业持续发展

C. 新时代需要巧干，不需要勤劳

D. 新时代需要创造，不需要节俭

11. 在我国，金首饰最早出现的年代为（　　）。

A. 秦代末期

B. 西周

C. 商代

D. 东汉末期

12. 黄金在 20℃时，密度为（　　）。

A. 10.67 kg/cm^2

B. 25.04 kg/cm^2

C. 7.37 g/cm^3

D. 19.32 g/cm^3

13. 铂金通常缩写为（　　）。

A. Dt

B. Ft

C. Mt

D. Pt

14.（　　）的熔点为 1773.5℃。

A. 绿松石

B. 青金石

C. 尖晶石

D. 铂金

15.（　　）的硬度为 2.5。

A. 绿松石

B. 铂金

C. 尖晶石

D. 白银

16. 水焊机适用于(　　)的精密、高品质焊接。

A. 铂金、黄金

B. 珊瑚

C. 玻璃

D. 砾石

17. 当焊接需要焊剂时，在水焊机的两用罐内加硼酸三甲脂可以作(　　)用。

A. 储料槽

B. 焊剂罐

C. 蓄液槽

D. 助焊罐

18. (　　)主要是以氢氧化钠水溶液为电解液。

A. 油焊机

B. 熔断焊枪

C. 电焊枪

D. 水焊机

19. 钻石的4C标准是指颜色、净度、(　　)。

A. 体积、密度

B. 款式、体积

C. 切工、重量

D. 宽度、长度

20. 宝石必须具备的条件是美观、(　　)。

A. 透明无暇、硬度大

B. 颗粒大、易琢磨

C. 耐久、稀少

D. 可变色

21. 金刚石的折光率为(　　)。

A. 32.7

B. 1.37

C. 0.277

D. 2.417

22. (　　)为0.044。

A. 水晶的透明度

B. 砾石的透明度

C. 明矾的色散度

D. 金刚石的色散度

23. 金刚石的硬度为(　　)。

A. 32.7

B. 1.37

C. 0.277

D. 10

24. (　　)的密度为3.52g/cm^3。

A. 锆石

B. 砾石

C. 紫金

D. 金刚石

25. 钻石经常使用的重量单位包括(　　)。

A. 钱和夸脱

B. 品脱

C. 克拉

D. 两和分

26. 若标准型圆钻石的腰围直径为1.3mm，则其(　　)ct。

A. 延展率为 0.1

B. 延展率为 0.01

C. 重量为 0.1

D. 重量为 0.01

27. 若标准型圆钻石的腰围直径为 2.0mm，则其(　　)ct。

A. 延展率为 0.3

B. 延展率为 0.03

C. 重量为 0.3

D. 重量为 0.03

28. 若标准型圆钻石的腰围直径为 2.4mm，则其(　　)ct。

A. 延展率为 0.5

B. 延展率为 0.05

C. 重量为 0.5

D. 重量为 0.05

29. 若标准型圆钻石的腰围直径为 2.7mm，则其(　　)ct。

A. 延展率为 0.7

B. 延展率为 0.07

C. 重量为 0.7

D. 重量为 0.07

30. 若标准型圆钻石的腰围直径为(　　)，则其重量为 0.09ct。

A. 1.07mm

B. 2.9mm

C. 3.7cm

D. 0.17cm

31. 若标准型圆钻石的腰围直径为 3.0mm，则其(　　)ct。

A. 延展率为 0.9

B. 延展率为 0.1

C. 重量为 0.9

D. 重量为 0.1

32. 若标准型圆钻石的腰围直径为 3.5mm，则其(　　)ct。

A. 延展率为 0.016

B. 延展率为 0.16

C. 重量为 0.016

D. 重量为 0.16

33. 若标准型圆钻石的腰围直径为 4.0mm，则其(　　)ct。

A. 延展率为 0.23

B. 延展率为 0.023

C. 重量为 0.023

D. 重量为 0.23

34. 若标准型圆钻石的腰围直径为 5.15mm，则其(　　)ct。

A. 延展率为 0.05

B. 延展率为 0.5

C. 重量为 0.05

D. 重量为 0.5

35. 若标准型圆钻石的腰围直径为 5.9mm，则其(　　)ct。

A. 延展率为 0.075

B. 延展率为 0.75

C. 重量为 0.075

D. 重量为 0.75

36. 若标准型圆钻石的腰围直径为(　　)mm，则其重量为 1.00ct。

A. 8.3

B. 7.7

C. 7.1

D. 6.5

37. 若标准型圆钻石的腰围直径为 7mm，则其(　　)ct。

A. 延展率为 1.05

B. 延展率为 1.25

C. 重量为 1.05

D. 重量为 1.25

38. 若标准型圆钻石的腰围直径为 8.8mm，则其(　　)ct。

A. 延展率为 1.80

B. 延展率为 2.50

C. 重量为 1.80

D. 重量为 2.50

39. 若标准型圆钻石的腰围直径为 9.85mm，则其(　　)ct。

A. 延展率为 2.90

B. 延展率为 3.50

C. 重量为 2.90

D. 重量为 3.50

40. 若标准型圆钻石的腰围直径为 11.1mm，则其(　　)ct。

A. 延展率为 4.00

B. 延展率为 5.00

C. 重量为 4.00

D. 重量为 5.00

41. 若有一梨形钻石，长为 7.22mm，宽为 3.9mm，深为(　　)，则其重量为 0.7039ct。

A. 6.89mm

B. 1.2dm

C. 1.9cm

D. 2.5mm

42. 我国通常用数字表示钻石颜色的等级，100 色可以与美国宝石研究所（GIA）钻石颜色分类法中的（　　）组相类比，属于无色—白色类。

A. T、U

B. W

C. Z

D. D

43. 我国通常用数字表示钻石颜色的等级，99 色可以与美国宝石研究所（GIA）钻石颜色分类法中的（　　）组相类比，属于无色—白色类。

A. C、U

B. W、B

C. Z

D. E

44. 我国通常用数字表示钻石颜色的等级，（　　）色可以与美国宝石研究所（GIA）钻石颜色分类法中的 F 组相类比，属于无色—白色类。

A. 128

B. 118

C. 108

D. 98

45. 我国通常用数字表示钻石颜色的等级，（　　）色可以与美国宝石研究所（GIA）钻石颜色分类法中的G组相类比，属于无色—白色类。

A. 127

B. 117

C. 107

D. 97

46. 我国通常用数字表示钻石颜色的等级，(　　)色可以与美国宝石研究所（GIA）钻石颜色分类法中的H组相类比，属于无色—白色类。

A. 126

B. 116

C. 106

D. 96

47. 我国通常用数字表示钻石颜色的等级，94色可以与美国宝石研究所（GIA）钻石颜色分类法中的(　　)相类比，属于微黄白类。

A. S、V组

B. W、Z组

C. Z组

D. J组

48. 我国通常用数字表示钻石颜色的等级，93色可以与美国宝石研究所（GIA）钻石颜色分类法中的(　　)相类比，属于微黄白类。

A. K、S组

B. W组

C. Z组

D. K组

49. 我国通常用数字表示钻石颜色的等级，92色可以与美国宝石研究所（GIA）钻石颜色分类法中的(　　)相类比，属于微黄白类。

A. S、U组

B. W组

C. Z组

D. L组

50. 我国通常用数字表示钻石颜色的等级，91色可以与美国宝石研究所（GIA）钻石颜色分类法中的(　　)相类比，属于黄色类。

A. T、U组

B. W、S组

C. Z组

D. M组

51. 我国通常用数字表示钻石颜色的等级，90色可以与美国宝石研究所（GIA）钻石颜色分类法中的(　　)相类比，属于黄色类。

A. T、U组

B. W组

C. Y、Z组

D. N组

52. 我国通常用数字表示钻石颜色的等级，88色可以与美国宝石研究所（GIA）钻石颜色分类法中的(　　)相类比，属于黄色类。

A. T、S组

B. W组

C. Z组

D. P组

53. 我国通常用数字表示钻石颜色的等级，86色可以与美国宝石研究所（GIA）钻石颜色分类法中的（　　）相类比，属于黄色类。

A. T、U组

B. W组

C. Z组

D. R组

54.（　　）不属于美国宝石研究所（GIA）的钻石净度等级。

A. FL、IF

B. VVS_1

C. VVS_2

D. NU_1、ML_2

55. 根据国际钻石委员会（IDC）的钻石切工分级标准，优等级钻石的（　　）应为40°—42°。

A. 底尖夹角

B. 腰线夹角

C. 底部角

D. 亭部角

56. 红、蓝宝石的折光率为（　　）—1.770。

A. 0.977

B. 1.372

C. 0.770

D. 1.762

57. 红、蓝宝石的双折射率为 0.008—(　　)。

A. 0.060

B. 0.040

C. 0.020

D. 0.010

58. 红、蓝宝石的色散度为(　　)。

A. 0.569

B. 1.207

C. 0.277

D. 0.018

59. 红、蓝宝石的(　　)为 9。

A. 韧度

B. 硬度

C. 延展率

D. 光洁度

60. 根据 GB 11887—2002 的规定，14K 金的(　　)最小值为 585。

A. 含铂百分数

B. 重量百分数

C. 光洁度千分数

D. 纯度千分数

61. 根据 GB 11887—2002 的规定，22K 金的(　　)最小值为 916。

A. 含铂百分数

B. 重量百分数

C. 光洁度千分数

D. 纯度千分数

62. 根据 GB 11887—2002 的规定，足金的(　　)最小值为 990。

A. 含铂百分数

B. 重量百分数

C. 光洁度千分数

D. 纯度千分数

63. 根据 GB 11887—2002 的规定，千足金的(　　)最小值为 999。

A. 含铂百分数

B. 重量百分数

C. 光洁度千分数

D. 纯度千分数

64. 根据贵金属饰品术语（QB/T 1689—1993）的规定，足银是指含银量千分数不小于(　　)的银。

A. 309

B. 41.99

C. 509

D. 990

65. 常用划线的工具包括划针、划线平台、(　　)。

A. 三角尺、夹丝

B. 橡皮、台剪

C. 划规

D. 台剪、划丝、铅笔、三角剪

66. 双线錾主要用于走弧平行线条纹样，(　　)。

A. 断线材

B. 以及走交叉线条纹样

C. 以及走直平行线条纹样

D. 不适用走直平行线条纹样

67. 长方形条钢螺旋夹属于(　　)夹具，起夹紧作用。

A. 机械传动

B. 非手用

C. 手用通用

D. 非通用

68. 制作小型工夹具的材料通常选用(　　)。

A. 石棉、石墨

B. 塑料

C. 中碳钢

D. 铁锌合金

69. 鳞片錾不宜过于尖利，而应呈一定的(　　)，通常以2/5圆弧为宜。

A. 锐角

B. 钝角

C. 长方形

D. 正方形

70. 常用的划针是用(　　)的不锈钢或弹簧钢制成的。

A. Φ1.2mm—Φ8.4mm

B. Φ10.5mm—Φ13.8mm

C. Φ4mm—Φ11mm

D. Φ3mm—Φ4mm

71. 制作样冲的材料一般选用长度约(　　)—120mm，直径Φ8mm—Φ12mm的弹簧钢或工具钢。

A. 50mm

B. 60mm

C. 70mm

D. 80mm

72. 样冲尖端磨成的形状是(　　)—60°的圆锥形。

A. 20°

B. 6°

C. 18°

D. 45°

73. 在制作镶嵌圆形钻石的首饰样板时，通常先考虑选用(　　)。

A. 台剪或方剪

B. 螺旋钻

C. 球形铣刀

D. 塔钻

74. 采用钉镶工艺镶嵌宝石时，用来修整镶钉形状的工具是(　　)。

A. 吸珠錾

B. 打磨机

C. 锥管

D. 修棱剪刀

75. 采用迫镶工艺镶嵌宝石时，宝石边厚 0.6mm，适宜选用(　　)。

A. 台剪或方剪

B. 螺旋钻

C. 飞轮钻

D. 塔钻

76. 修整饰物内孔（包括方孔、椭圆孔、不规则形状孔），适宜选用(　　)。

A. 台剪或方剪

B. 螺旋钻

C. 直身狼牙棒钻

D. 塔钻

77. 采用钉镶工艺镶嵌圆形宝石，以及修整圆形镶口内孔时，适宜选用(　　)。

A. 台剪或方剪

B. 螺旋钻

C. 桃钻

D. 塔钻

78. 修整圆形镶口锥度时，适宜选用(　　)。

A. 台剪或方剪

B. 螺旋钻

C. 伞钻

D. 塔钻

79. 正羽是(　　)。

A. 密生在纤羽周围的羽毛

B. 密生在绒羽中间的羽毛

C. 生于全身的羽区

D. 一种纤羽

80. 鹤的嘴角在(　　)。

A. 耳的右侧

B. 眼的后面

C. 眼的前面

D. 耳的左侧

81. 飞禽趾骨的节数通常为后趾(　　)节，内趾三节，中趾四节，外趾五节。

A. 四

B. 一

C. 两

D. 五

82. 在奖杯的图纸展开放样方法中，应先(　　)。

A. 确定材料规格，再确定展开放样的宽度

B. 确定放样尺寸及材料宽度，再确定材料长度

C. 确定放样内容，再确定放样尺寸

D. 确定放样尺寸及材料长度，再确定材料宽度

83. 在花瓶的图纸展开放样方法中，应先(　　)。

A. 确定材料规格，再确定展开放样的宽度

B. 确定放样尺寸及材料宽度，再确定材料长度

C. 确定放样内容，再确定放样尺寸

D. 确定放样尺寸及材料长度，再确定材料宽度

84. 啄木鸟的趾型为(　　)。

A. 单趾型

B. 对趾型

C. 凹趾型

D. 凸趾型

85. 雨燕的趾型为(　　)。

A. 前趾型

B. 单趾型

C. 后趾型

D. 孔趾型

86. 翠鸟的趾型为（　　）。

A. 单趾型

B. 并趾型

C. 凹趾型

D. 凸趾型

87. 潜鸟的蹼型为（　　）。

A. 瓣蹼足或凹蹼足

B. 蹼足

C. 凹蹼足

D. 凸蹼足

88. 燕鸥的蹼型为（　　）。

A. 凹蹼足

B. 瓣蹼足

C. 凸蹼足

D. 圆形蹼足

89. 鸬鹚的蹼型为（　　）。

A. 瓣蹼足或凹蹼足

B. 全蹼足

C. 蹼足

D. 凸蹼足或三角蹼足

90. 鹬的蹼型为（　　）。

A. 半蹼足

B. 瓣蹼足

C. 凸蹼足

D. 圆形蹼足

91. 制作划子的材料一般选用(　　)。

A. 厚银皮

B. 厚铝皮或铁皮

C. 薄铜皮或铅皮

D. 薄铝皮或银丝

92. 在不完全花（单性花）的结构中，(　　)。

A. 没有花序

B. 没有花冠

C. 一定没有雌蕊

D. 只有雄蕊或雌蕊

93. 下列关于飞禽基本结构的表述错误的是(　　)。

A. 体制左右对称

B. 包括头、颈等部分

C. 包括颈、躯干等部分

D. 体制不对称

94. 花草植物的组成部分不含(　　)。

A. 根、茎（枝梗）

B. 果

C. 叶

D. 花粉

95. 茎的生长状态不包括(　　)。

A. 直立

B. 缠绕

C. 攀缘

D. 发散

96. 在茎的基本组成部分中，不包括(　　)。

A. 节间

B. 节、芽

C. 分枝

D. 花蕊、花粉

97. 叶的基本组成部分不包括(　　)。

A. 叶片

B. 叶柄

C. 叶托

D. 叶汁

98. 在花的基本组成部分中，不包括(　　)。

A. 花托、花萼

B. 雄蕊、雌蕊

C. 花冠、花序

D. 花盘、花粉

99. 花托、(　　)组成为花蒂。

A. 花萼

B. 花冠

C. 花序

D. 花盘

100. 花按构造不同可分为(　　)，两性花和单性花。

A. 花轴花和分枝花

B. 有果花和无果花

C. 雄蕊花和雌蕊花

D. 完全花和不完全花

101. 抬压类圆雕式摆件在放样过程中，当从平面变成立体时，(　　)。

A. 材料无变形

B. 材料无变形，占有平面材料面积小

C. 材料变形小，占有平面材料面积小

D. 材料变形大，占有平面材料面积大

102. 抬压类浮雕式摆件在放样过程中，当从平面变成半立体时，(　　)。

A. 材料无变形

B. 材料无变形，占有平面材料面积大

C. 材料变形大，占有平面材料面积大

D. 材料变形小，占有平面材料面积小

103. 摆件产品的放样计算步骤通常是先(　　)，最后确定放样尺寸。

A. 确定放样内容和材料

B. 理解图稿，搞清结构

C. 确定放样内容，再根据图稿确定放样材料

D. 确定放样材料，再根据图稿确定放样方法

104. 当确定了摆件产品(　　)后，就可以着手进行实际放样了。

A. 放样的材料质地和放样的规格

B. 放样的内容和放样尺寸

C. 选料拼板的尺寸

D. 平面样板的规格

105. 在摆件钣金工艺中，划子的含义包括根据展开图制成的(　　)。

A. 平面样板，以便于取料

B. 平面样板，以便于打膜

C. 立体样板，以便于打膜

D. 立体样板，以便于取料

106. 进行摆件放样拼板时，（ ）。

A. 不同大小、不同形状的材料要尽量套裁

B. 同样大小、形状的材料不得套裁

C. 要尽量用足材料面积

D. 在不同的材料之间要留有1—2cm的间隙

107. 对于一些（　　）放样内容，可以不必制作划子，而是直接画在材料上。

A. 正方体、圆柱体

B. 圆柱体、长方体

C. 复杂的多边形

D. 简单的正方形、圆形

108. 在对需要钣金的花瓶类摆件进行放样计算时，要充分考虑到（　　）。

A. 加工温度对材料表面的影响

B. 冲压过程中对材料硬度的影响

C. 钣金过程中对材料变形的影响

D. 材料表面在打磨工序上的消耗

109. 在对不需要钣金的花瓶类摆件进行放样计算时，（　　）。

A. 只要按设计图稿要求的尺寸进行即可

B. 只要再比设计图稿要求的尺寸多留10%的余量即可

C. 至少应留有15%的余量

D. 至少应留有20%的余量

110. 若将首饰三视图从数量上进行分解，可分为(　　)。

A. 平面视图和立体视图

B. 二视图和三视图

C. 三角视图和四角视图

D. 单层视图和双层视图

111. 若将首饰三视图从形式上进行分解，可分为(　　)。

A. 侧视图和仰视图

B. 平面视图和立体视图

C. 方形视图和圆形视图

D. 黑白视图和彩色视图

112. 对于有些在复杂首饰产品设计图稿中描述不详的细节，在放样过程中，(　　)。

A. 应忽略

B. 应重新更新图稿，并制作拓片

C. 可以凭自己的想像任意发挥

D. 可以根据自己的理解及图稿的设计风格来确定

113. 通常从戒指的俯视图上看不到(　　)。

A. 副宝石的大小

B. 镶钻的分布情况

C. 主宝石的大小

D. 宝石的高低排列层次

114. 通常从戒指的透视立体左视图上看不到(　　)。

A. 副宝石的大致形状

B. 副宝石的数量

C. 主宝石的大小

D. 主宝石的颜色

115. 为了能够将复杂首饰产品的结构清楚地表达出来，除了需要绘制(　　)以外，还应绘制俯视图、透视立体左视图等。

A. 仰视图

B. 剖面图

C. 截面图

D. 正视图

116. 在某款胸针饰品的设计图稿上有一些长短和大小不一的卷草纹形状的装饰边，在对这种形状进行放样时，可以用较软的金属按图稿要求的外形及走势来卷曲，待形状确定无误后，(　　)。

A. 再转成剖面图，制成模型片

B. 再转成截面图，制成塑板

C. 再转成立体图，制成拓片

D. 再转成平面图，制成母样板

117. 进行钣金时，用于钣制或翻口敲击的工具是平拱锤、(　　)。

A. 塑料锤、锌锤

B. 凸墩

C. 小方锤

D. 喷灯

118. 一般用于小件锤击或片料整平的铁砧是(　　)。

A. 四角砧

B. 凸砧

C. 西砧

D. 孔砧、凹砧

119. 铜砧是专供(　　)的工件钣料的锤击打制使用。

A. 镁铝合金

B. 纯钛质地

C. 足金质地

D. 足银、足铜质地

120. 尖头铁砧的形状为(　　)形。

A. Z

B. W

C. T

D. D

121. 供最终精加工打制时用的工具是(　　)。

A. 四角砧

B. 凸砧

C. 球形型模铁砧

D. 孔砧

122. 供钣制球形形制时用的铁砧是(　　)。

A. 四角砧

B. 凸砧

C. 木制凹模铁砧

D. 木制凸模铁砧

123. (　　)是指焊枪嘴喷出的火焰充足而疾速，焊枪嘴出火的声音一般比较嘈杂。

A. 聚火

B. 撤火

C. 粗火

D. 退火

124. 为了使线条走得更挺直，在使用(　　)錾刻直线时，一般吃刀线占 2/3。

A. 圆錾

B. 三角錾

C. 杀錾

D. 方錾

125. 批抢錾的刀刃(　　)。

A. 中间为长方形

B. 中间为三角形

C. 上为长方形，下为三角形

D. 上为长方形，下为梯形

126. 批抢錾的刀角度(　　)。

A. 大于 115°

B. 等于 95°

C. 不大于 70°

D. 等于 110°

127. 錾刻浪花波纹时，(　　)的刀角朝外较为理想。

A. 三棱铲

B. 印记錾

C. 批抢錾

D. 扁铲

128. 在进行人物立体摆件制作过程中，凹模翻制使用的是(　　)。

A. 石棉

B. 塑料、石膏

C. 水泥

D. 铁锌合金

129. 压人物眼眶时，可用(　　)进行分割。

A. 三棱铲

B. 印记錾

C. 斜口豆錾

D. 扁铲

130. 錾刻人物立体摆件时，在唇沟部位通常先用(　　)做粗略的分割击压。

A. 平角刀

B. 台剪

C. 扁口豆錾

D. 方刀

131. 錾刻人物立体摆件时，嘴唇线常用(　　)进行分割。

A. 三棱铲

B. 印记錾

C. 斜口豆錾

D. 阳点錾

132. 錾刻人物立体摆件时，下唇线常用钝圆豆錾(　　)。

A. 迅速地压出

B. 迅速地拉出

C. 缓缓地压出

D. 缓缓地拉出

133. 錾刻马鬃时，常用(　　)拉出。

A. 三棱錾

B. 印记錾

C. 棕丝錾

D. 阳点錾

134. 群镶一般应用于首饰的陪衬部位，应尽量采用(　　)ct左右的小钻紧密排列。

A. 0.15

B. 0.27

C. 0.3

D. 0.015

135. 在群镶的制作过程中，应根据小钻大小在群镶坯子上定好小钻中心点，两中心点之间的距离等于小钻直径加(　　) mm余量。

A. 0.6

B. 2.6

C. 0.2

D. 2.2

136. 在群镶的制作过程中，通常先用(　　)起齿，将小钻在孔中夹住。

A. 棕丝錾

B. 印记錾

C. 三角錾

D. 扁铲

137. 在群镶的制作过程中，扩孔深度要比小钻背面高度略深(　　)。

A. 1.5dm

B. 1.5mm

C. 0.2cm

D. 0.2mm

138. 在群镶的制作过程中，套珠时(　　)。

A. 不得使齿圆珠竖起

B. 尽量使齿圆珠平放

C. 尽量使齿圆珠竖起

D. 不得出现圆珠

139. 在群镶的制作过程中，嵌钻时通常用(　　)。

A. 扁铲把边压平

B. 方刀把边錾断

C. 阳点錾把齿密圆

D. 散錾把齿密圆

140. 在群镶的制作过程中，一般采用(　　)。

A. 四齿镶两钻

B. 一齿镶四钻

C. 一齿嵌两钻

D. 五齿嵌一钻

141. 在群镶的制作过程中，在不能镶嵌的地方通常用(　　)。

A. 三棱批錾加工成小方粒

B. 印记錾加工成粗条

C. 三角抢錾加工成小圆粒

D. 棕丝錾加工成细条

142. 在群镶的制作过程中，扩孔时要注意孔与孔之间的最佳距离应以(　　)为好。

A. 1.1cm

B. 重合

C. 相切

D. 垂直或相交

143. 盘钻镶制要根据主宝石的大小、形状来排列(　　)ct左右的小钻。

A. 1.05

B. 0.09

C. 0.015

D. 0.075

144. 在盘钻镶的制作过程中，嵌齿时通常用(　　)一一将小钻牙齿密圆。

A. 三棱锉

B. 台剪、圆錾

C. 套珠

D. 棕丝錾

145. 在一定的面积内镶满小钻的制作技术叫(　　)。

A. 爪镶

B. 包边镶

C. 硬镶

D. 群镶

146. 在包边镶的制作过程中，通常用(　　)宽的扁丝做包边齿口的内圈。

A. 0.6cm 厚、2.6cm

B. 1.3cm 厚、2.3cm

C. 0.5mm 厚、1.5mm

D. 0.2dm 厚、0.7dm

147. 在包边镶的制作方法中，镶钻时通常用(　　)包边。

A. 三棱刀、套珠

B. 套珠、圆錾

C. 踏錾

D. 棕丝錾

148. 光圈镶外圈需用 0.5mm 厚、(　　)mm 宽的扁丝。

A. 4

B. 3

C. 2

D. 1

149. 光圈镶内圈需用(　　)宽的扁丝。

A. 0.7dm 厚、1.4dm

B. 1.8mm 厚、3.6mm

C. 0.5mm 厚、1.5mm

D. 0.5cm 厚、1.5cm

150. 在光圈镶的制作过程中，在迫镶之后通常用(　　)将踏边加工成向里倾斜的面，形成光圈。

A. 三棱刀和套珠

B. 套珠和圆錾

C. 批抢錾和刮刀

D. 棕丝錾

151. 在独粒大钻精镶的制作过程中，通常用(　　)起齿，使钻石在孔中被夹住。

A. 三棱錾

B. 印记錾

C. 三角抢錾

D. 扁铲

152. 在独粒大钻精镶的制作过程中，通常用(　　)在起好齿的两边加工出独立的齿。

A. 三棱錾

B. 印记錾

C. 批抢錾

D. 扁铲、棕丝錾

153. 在独粒大钻精镶的制作过程中，通常用（　　）在齿的周围进行专项操作，直至把钻石嵌牢固。

A. 斜三棱刀

B. 印记錾、批抢錾

C. 斜三角踏錾

D. 扁铲、棕丝錾

154. 在独粒大钻精镶的制作过程中，起完边线后通常用（　　）把齿密圆。

A. 三棱錾、批抢錾

B. 印记錾、批抢錾

C. 阳点錾

D. 扁铲、棕丝錾

155. 在独粒大钻精镶的制作过程中应注意：最好使用起齿工具在距离钻边（　　）左右外起齿。

A. 2.4dm

B. 1.8cm

C. 1.2mm

D. 0.6cm

156. 在独粒大钻精镶的制作过程中应注意：当齿起到距离钻石约（　　）mm 左右时，应将起齿工具的角度放大到75°—90°。

A. 1.3—1.5

B. 1.0—1.2

C. 0.8—1.0

D. 0.5—0.6

157. 包角镶一般不用于(　　)钻石的制作。

A. 心形和方形

B. 异形

C. 圆形

D. 马眼形

158. 在包角镶的制作过程中，齿孔要按钻石背面的角度用(　　)加工，使钻石安放平整、服帖。

A. 三棱錾

B. 印记錾

C. 铣刀

D. 扁铲

159. 在包角镶的制作过程中，为便于嵌钻，在包角中间折缝处用(　　)加工出豁口。

A. 三棱錾

B. 刮刀

C. 三角锉刀

D. 三角錾

160. 在包角镶的制作过程中，通常用(　　)将包角两边向钻石面迫嵌，直至包牢为止。

A. 三棱刀

B. 套珠、圆錾

C. 钳子

D. 棕丝錾

得　分	
评分人	

二、判断题（第 161 题～第 200 题。将判断结果填入括号中。正确的填“√”，错误的填“×”。每题 0.5 分，满分 20 分。）

161.（　　）在欧洲，享有“首饰王国”美誉的国家是瑞士。

162.（　　）在我国民间，常从色泽上判断黄金的成色，很早就有“七成者青、八成者赤、九成者紫、十成者绿”的说法。

163.（　　）多年来，在我国民间习惯用“两”来作为黄金的计量单位，通常一两等于 15.75 克。

164.（　　）铂金的硬度为 2.3。

165.（　　）白银的密度为 21.2g/cm^3。

166.（　　）第一次使用水焊机时要配置电解液，电解液的质量分数为 1.7%。

167.（　　）钻石的主要化学成分是碳。

168.（　　）Ia 型金刚石的含氮量为 4.3%。

169.（　　）我国通常用数字表示钻石颜色的等级，95 色可以与美国宝石研究所（GIA）钻石颜色分类法中的 L、W 组相类比，属于微黄白类。

170.（　　）我国通常用数字表示钻石颜色的等级，89 色可以与美国宝石研究所（GIA）钻石颜色分类法中的 S 组相类比，属于黄色类。

171.（　　）我国通常用数字表示钻石颜色的等级，87 色可以与美国宝石研究所（GIA）钻石颜色分类法中的 Y 组相类比，属于黄色类。

172.（　　）根据国际钻石委员会（IDC）的钻石切工分级标准，优等级钻石的冠部角应为31°—57°。

173.（　　）红、蓝宝石的主要化学成分是硼化二铝。

174.（　　）根据首饰贵金属纯度的规定及命名方法（GB 11887—2002），9K金的纯度千分数最小值为4.475。

175.（　　）根据首饰贵金属纯度的规定及命名方法（GB 11887—2002），18K金的纯度千分数最小值为440。

176.（　　）根据贵金属饰品术语（QB/T 1689—1993）的规定，足铂是指含铂量千分数不小于709的铂。

177.（　　）放样是指统一按照10∶1的比例在放样台上画出构件的轮廓，准确地定出其尺寸。

178.（　　）常用划针尖端磨成的形状为14°—45°的锐角。

179.（　　）咬鹃的趾型为纵趾型。

180.（　　）人体的重心是在眼睛与骶骨之间。

181.（　　）完全花（两性花）的结构包括花萼、花冠、花托、花序。

182.（　　）一般情况下，若不算脚、颈及头，几乎所有走兽躯干的长度都是身高的5倍。

183.（　　）在确定摆件产品的放样尺寸时，对于图稿上没有明确写明的标注，不可以按经验进行估算。

184.（　　）摆件产品的放样步骤通常是先选料，再将放样的内容做成拓片。

185.（　　）摆件放样的选料有两重含义，其一是指对所用材料的价格、档次进行选择。

186.（　　）摆件放样的拼板是指把立体图、拓片等内容排入材料。

187.（　　）钣金所使用的工具及辅助用具包括凹礅、喷灯、錾子。

188.（　　）进行钣金时，用于一般整平锤击的工具是塑料锤。

189.（　　）在一般的首饰制作工艺中，经过稀释后的苯主要用于清洗焊缝上的硼砂黏渍。

190.（　　）在一般的首饰制作工艺中，经过稀释后的苯酚溶液主要用于清洗焊缝上的黏渍。

191.（　　）配制“三酸”溶液的技术要求是先放酸，后放水，放酸时要快倒并搅拌。

192.（　　）“三酸”通常是指工业生产中所使用的硫酸 H_2SO_4，磷酸 H_3PO_4，硝酸 HNO_3。

193.（　　）追火是指焊枪嘴喷出的火焰凶猛激烈，常伴随着刺耳的尖叫声。

194.（　　）细火是指焊枪嘴喷出的火焰较软且疾速，枪口出火时常有“吱嘘”的声音。

195.（　　）回火是指焊枪一经点燃，在没有任何助燃的情况下，使焊枪嘴喷出最大的火焰。

196.（　　）錾刻崇山峻岭时，通常是用印记錾的刀刃刻线的宽窄表现山势之嶙峋。

197.（　　）錾刻人物立体摆件时，上唇线常用扁棱錾缓缓地压出。

198.（　　）槽镶制作方法有两种，其中一种是：先在两边槽镶部位加工出两条镶钻的槽，然后将一边用钳子向外扳开，把钻石放进后，再用踏錾使其返回原状，将钻石镶嵌牢固。

199.（　　）在包边镶的制作过程中，通常用 0.3cm 厚、0.2cm 宽的扁丝做包边齿口的外圈。

200.（　　）在光圈镶的制作过程中，通常用套珠将外圈的钻石迫镶。

职业技能鉴定国家题库
贵金属首饰手工制作工（高级）
理论知识试卷答案

一、单项选择（第1题～第160题。选择一个正确的答案，将相应的字母填入题内的括号中。每题0.5分，满分80分。）

1.C 2.B 3.D 4.A 5.D 6.A 7.D 8.B 9.D
10.B 11.C 12.D 13.D 14.D 15.D 16.A 17.D 18.D
19.C 20.C 21.D 22.D 23.D 24.D 25.C 26.D 27.D
28.D 29.D 30.B 31.D 32.D 33.D 34.D 35.D 36.D
37.D 38.D 39.D 40.D 41.D 42.D 43.D 44.D 45.D
46.D 47.D 48.D 49.D 50.D 51.D 52.D 53.D 54.D
55.D 56.D 57.D 58.D 59.B 60.D 61.D 62.D 63.D
64.D 65.C 66.C 67.C 68.C 69.B 70.D 71.D 72.D
73.C 74.A 75.C 76.C 77.C 78.C 79.C 80.C 81.C
82.C 83.C 84.B 85.A 86.B 87.B 88.A 89.B 90.A
91.C 92.D 93.D 94.D 95.D 96.D 97.D 98.D 99.A
100.D 101.D 102.D 103.B 104.B 105.A 106.C 107.D
108.C 109.A 110.B 111.B 112.D 113.D 114.D 115.D
116.D 117.C 118.C 119.C 120.C 121.C 122.C 123.C
124.C 125.C 126.C 127.C 128.C 129.C 130.C 131.C
132.C 133.C 134.D 135.C 136.C 137.D 138.C 139.C
140.C 141.C 142.C 143.C 144.C 145.D 146.C 147.C
148.C 149.C 150.C 151.C 152.C 153.C 154.C 155.C

156. D 157. C 158. C 159. C 160. C

二、判断题（第 161 题～第 200 题。将判断结果填入括号中。正确的填“√”，错误的填“×”。每题 0.5 分，满分 20 分。）

161. × 162. × 163. × 164. × 165. × 166. × 167. √
168. × 169. × 170. × 171. × 172. × 173. × 174. ×
175. × 176. × 177. × 178. × 179. × 180. × 181. ×
182. × 183. × 184. × 185. × 186. × 187. × 188. ×
189. × 190. × 191. × 192. × 193. × 194. √ 195. ×
196. × 197. × 198. √ 199. × 200. ×

《国家职业技能鉴定理论知识考试复习指导丛书》

*摄影师（初）12.00元
*摄影师（中）12.00元
*摄影师（高）16.00元
*调酒师（初）12.00元
*调酒师（中）14.00元
*调酒师（高）16.00元
修脚师（初）12.00元
修脚师（中）14.00元
修脚师（高）16.00元
制图员（初）12.00元
制图员（中）14.00元
制图员（高）16.00元
音响调音员（初）12.00元
音响调音员（中）14.00元
音响调音员（高）16.00元
*加工中心操作工（中）14.00元
*加工中心操作工（高）16.00元
*眼镜定配工（初）12.00元
*眼镜定配工（中）14.00元
*眼镜定配工（高）16.00元
*眼镜验光员（初）12.00元
*眼镜验光员（中）14.00元
*眼镜验光员（高）16.00元
前厅服务员（初）12.00元
前厅服务员（中）14.00元
前厅服务员（高）16.00元
营养配餐员（中）14.00元
营养配餐员（高）16.00元
*组合机床操作工（初）12.00元
*组合机床操作工（中）14.00元
*组合机床操作工（高）16.00元
*贵金属首饰手工制作工（初）12.00元
*贵金属首饰手工制作工（中）14.00元
*贵金属首饰手工制作工（高）16.00元

《职业技能鉴定国家题库——操作技能考试手册》

*摄影师（初）12.00元
*摄影师（中）14.00元
*摄影师（高）16.00元
修脚师（初）12.00元
修脚师（中）14.00元
修脚师（高）16.00元
制图员（初）12.00元
制图员（中）14.00元
制图员（高）16.00元
*加工中心操作工（中）14.00元
*加工中心操作工（高）16.00元
音响调音员（初）12.00元
音响调音员（中）14.00元
音响调音员（高）16.00元
前厅服务员（初）12.00元
前厅服务员（中）14.00元
前厅服务员（高）16.00元
*装配钳工（初）12.00元
*装配钳工（中）14.00元
*装配钳工（高）16.00元
*贵金属首饰手工制作工（初）12.00元
*贵金属首饰手工制作工（中）14.00元
*贵金属首饰手工制作工（高）16.00元

标注“*”的为国家就业准入职业